Un'influenza

Tranquillizzante

Mandala Da Colorare Libro Edizione

Coloring Bandit

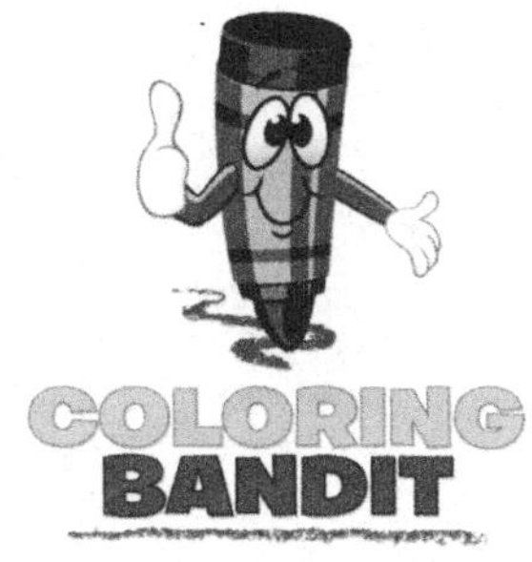

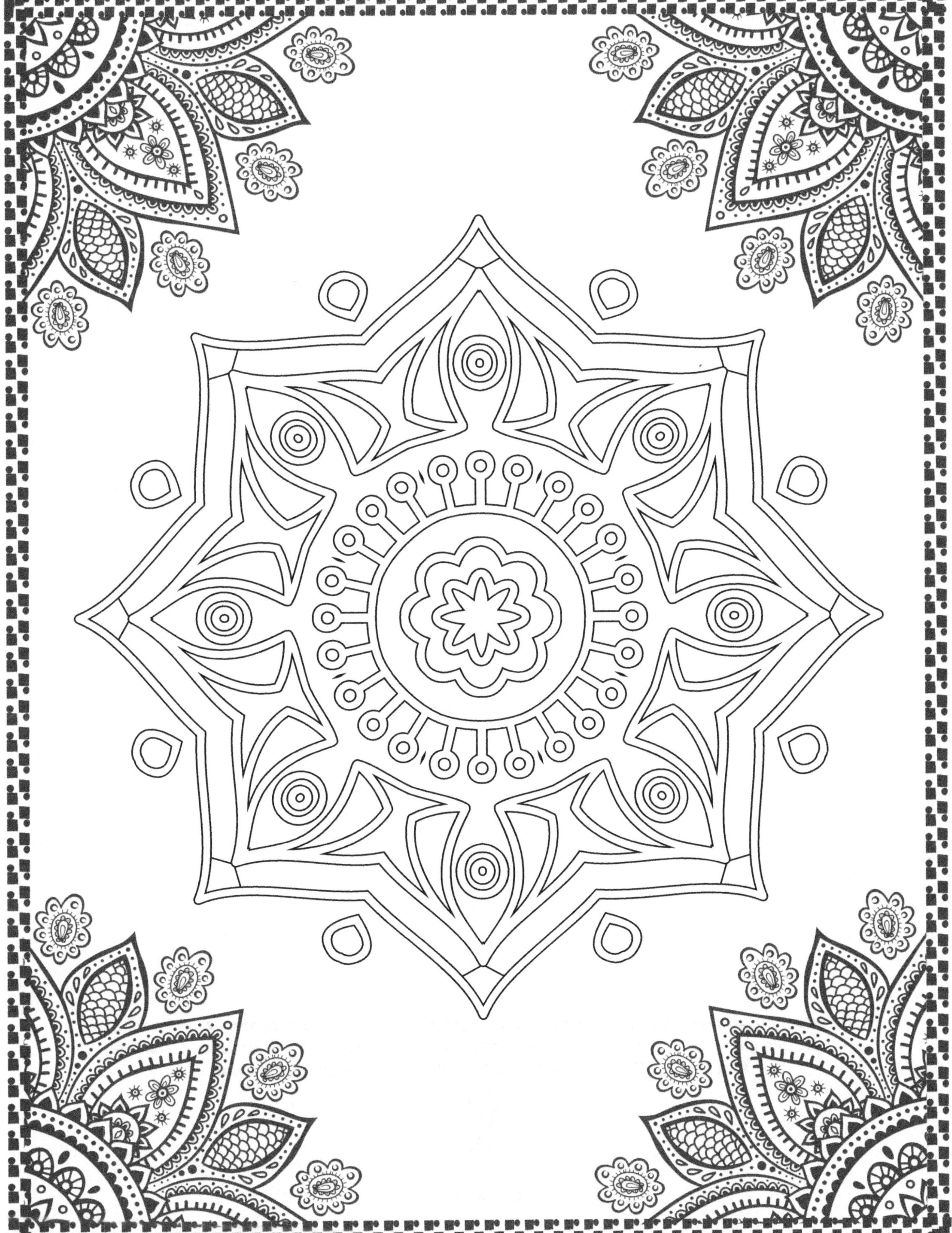

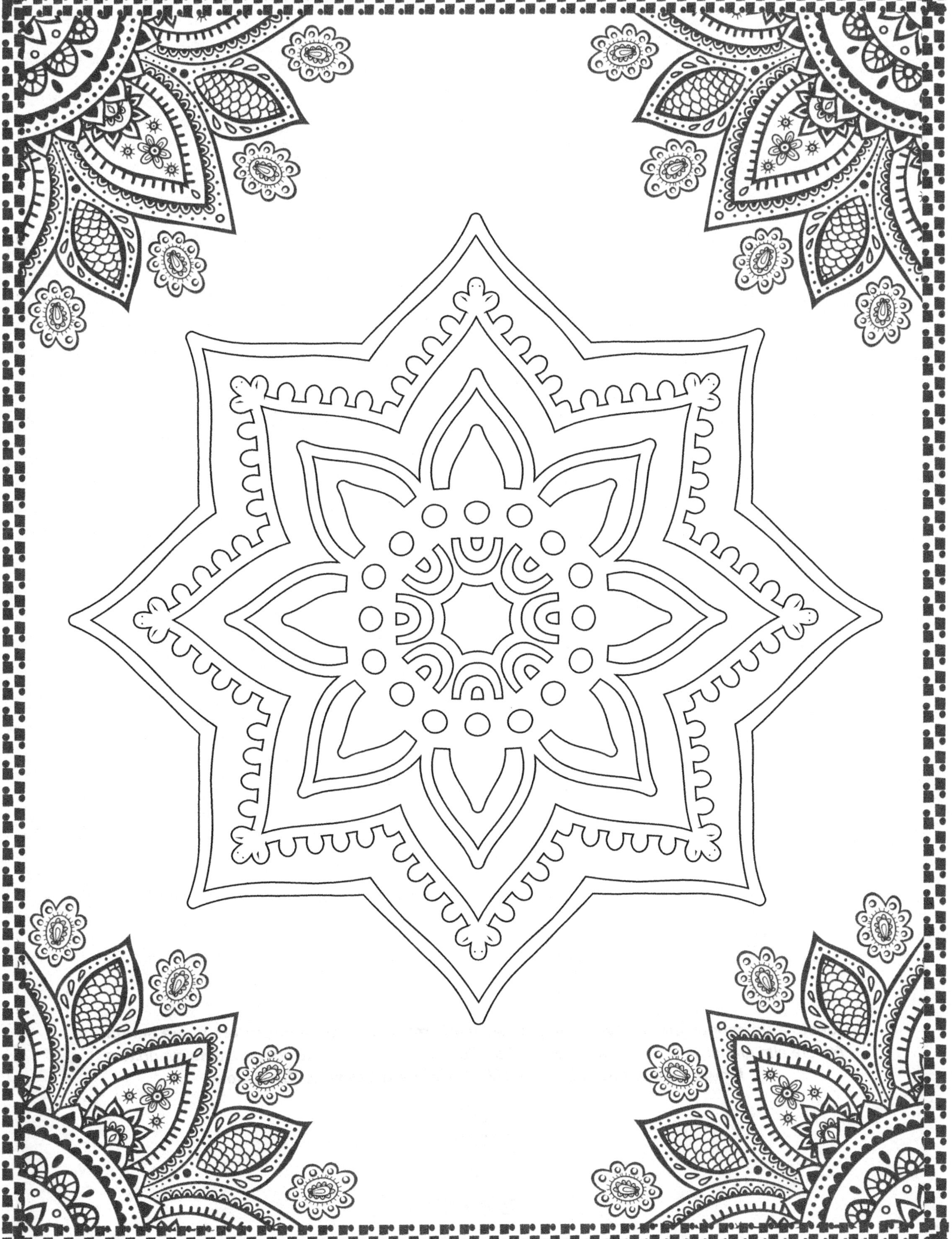

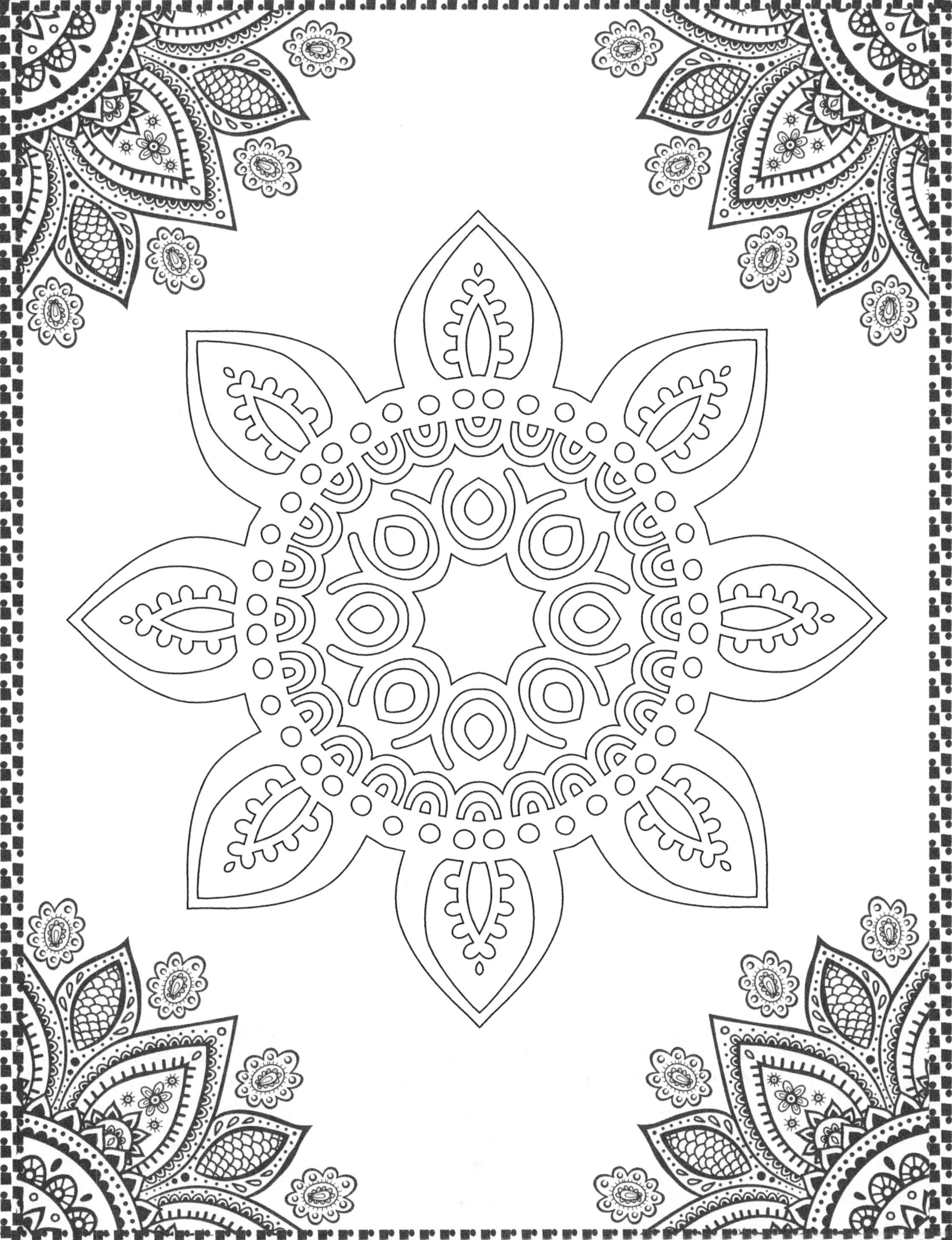

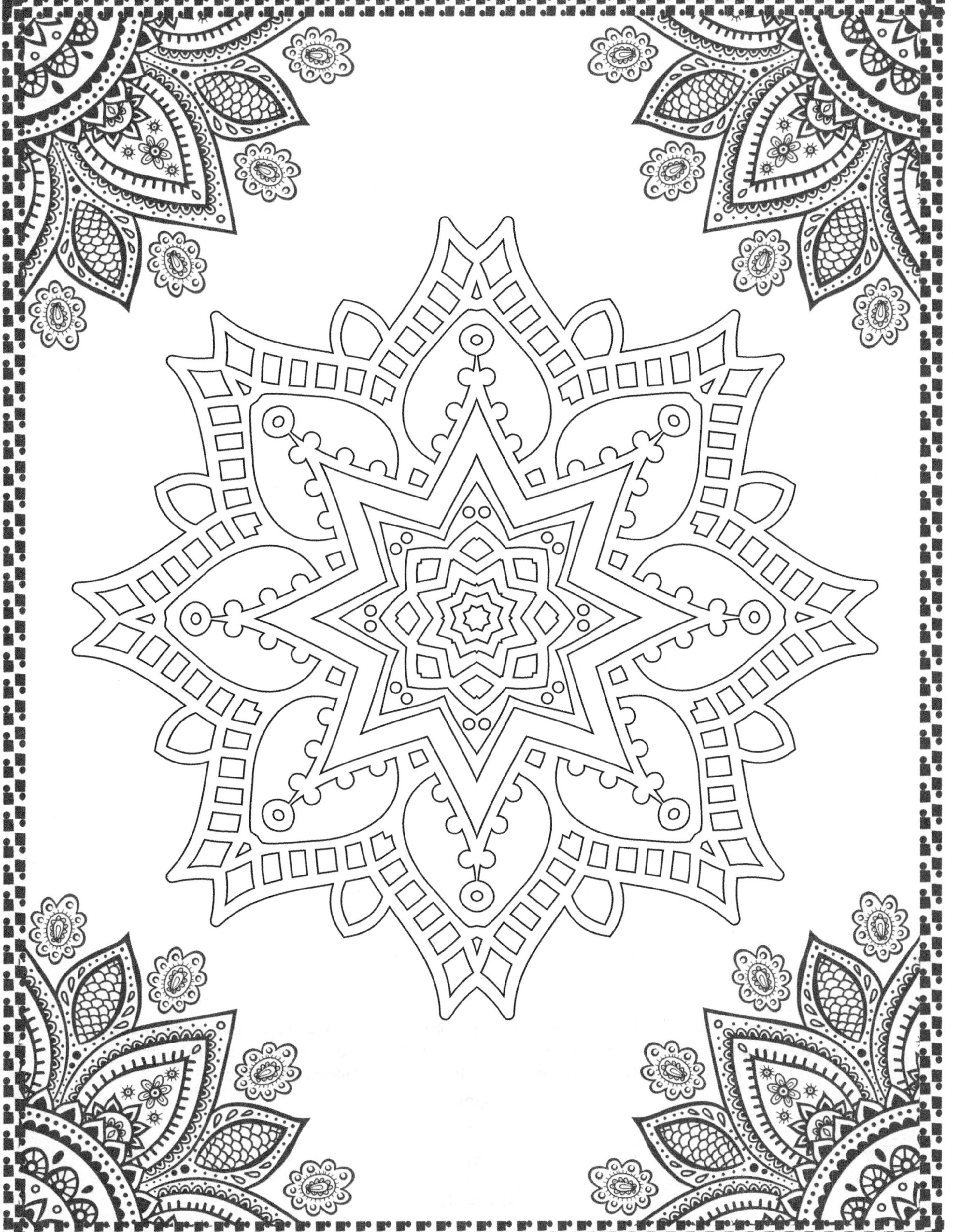

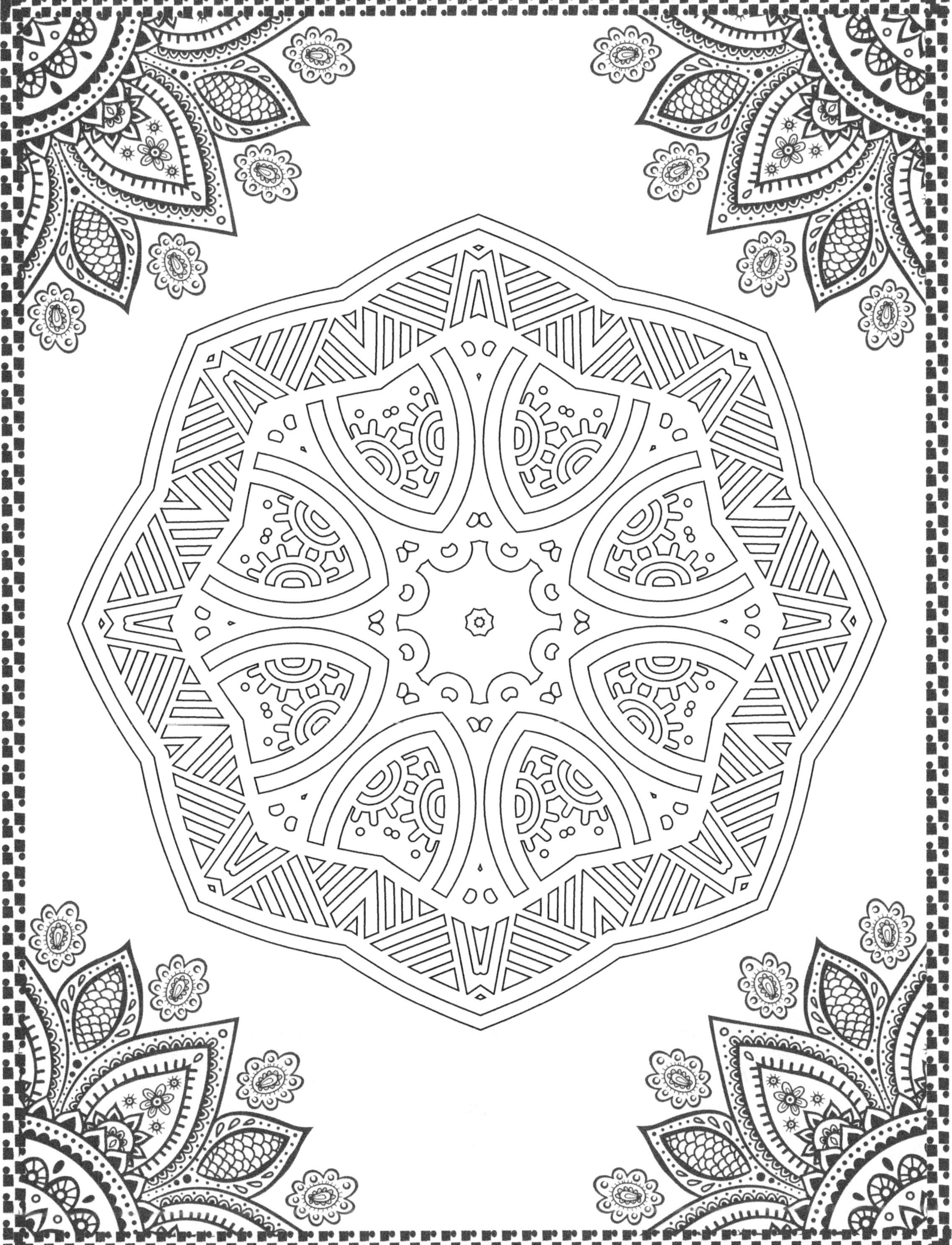

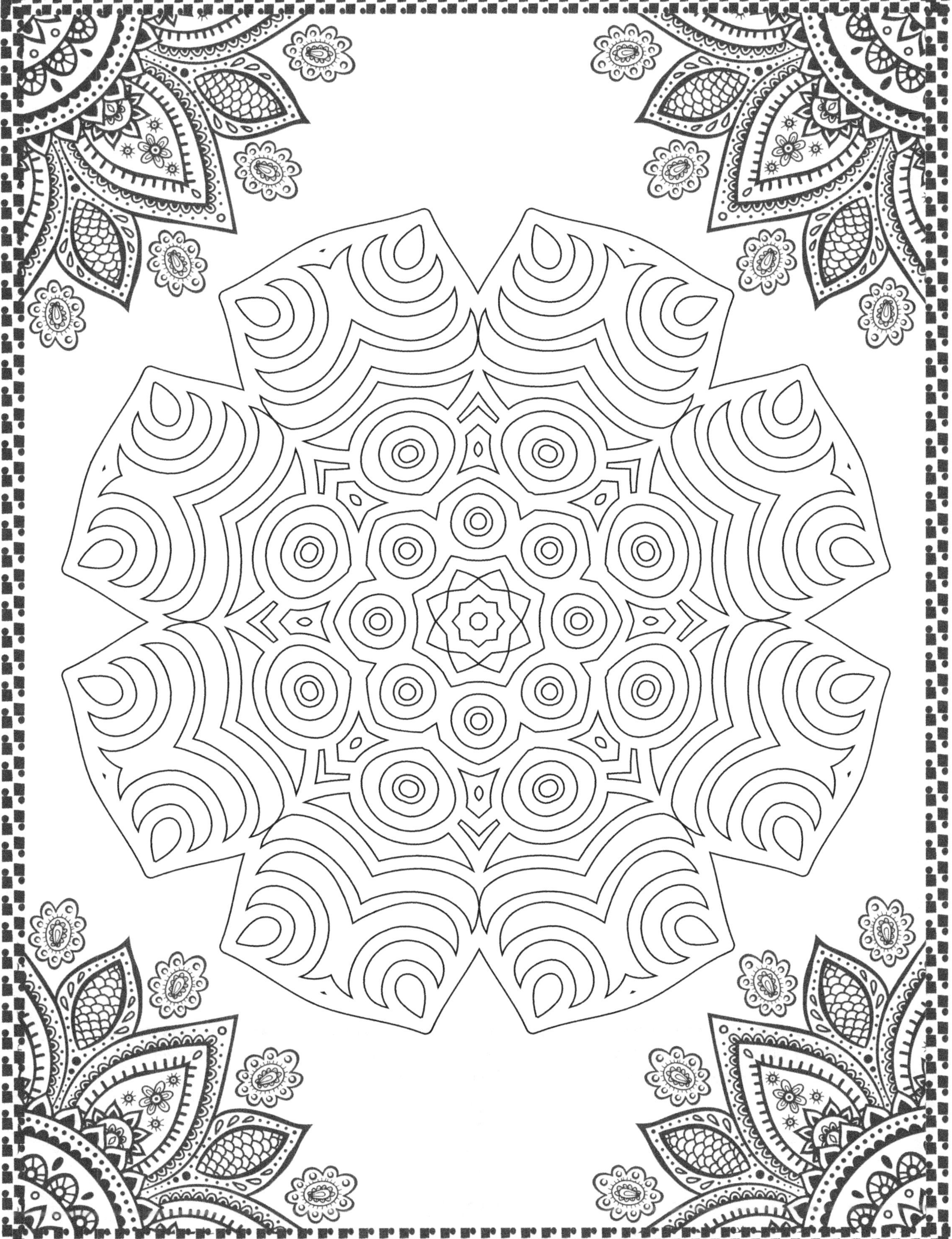

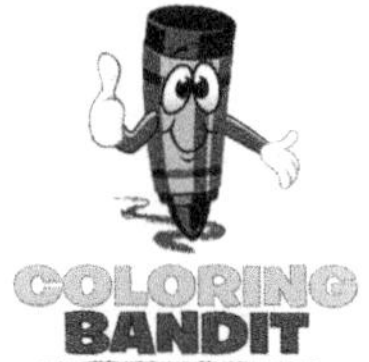

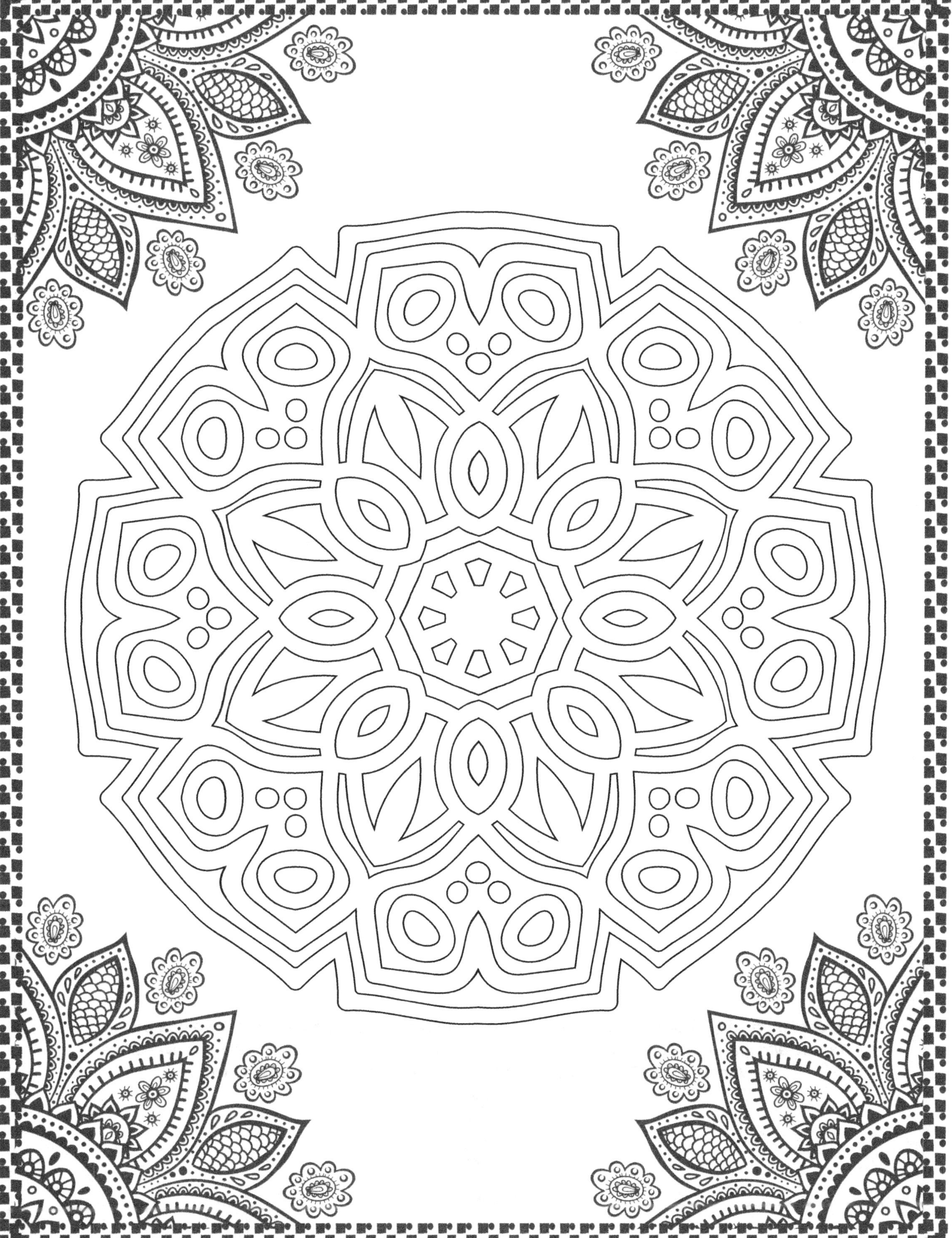

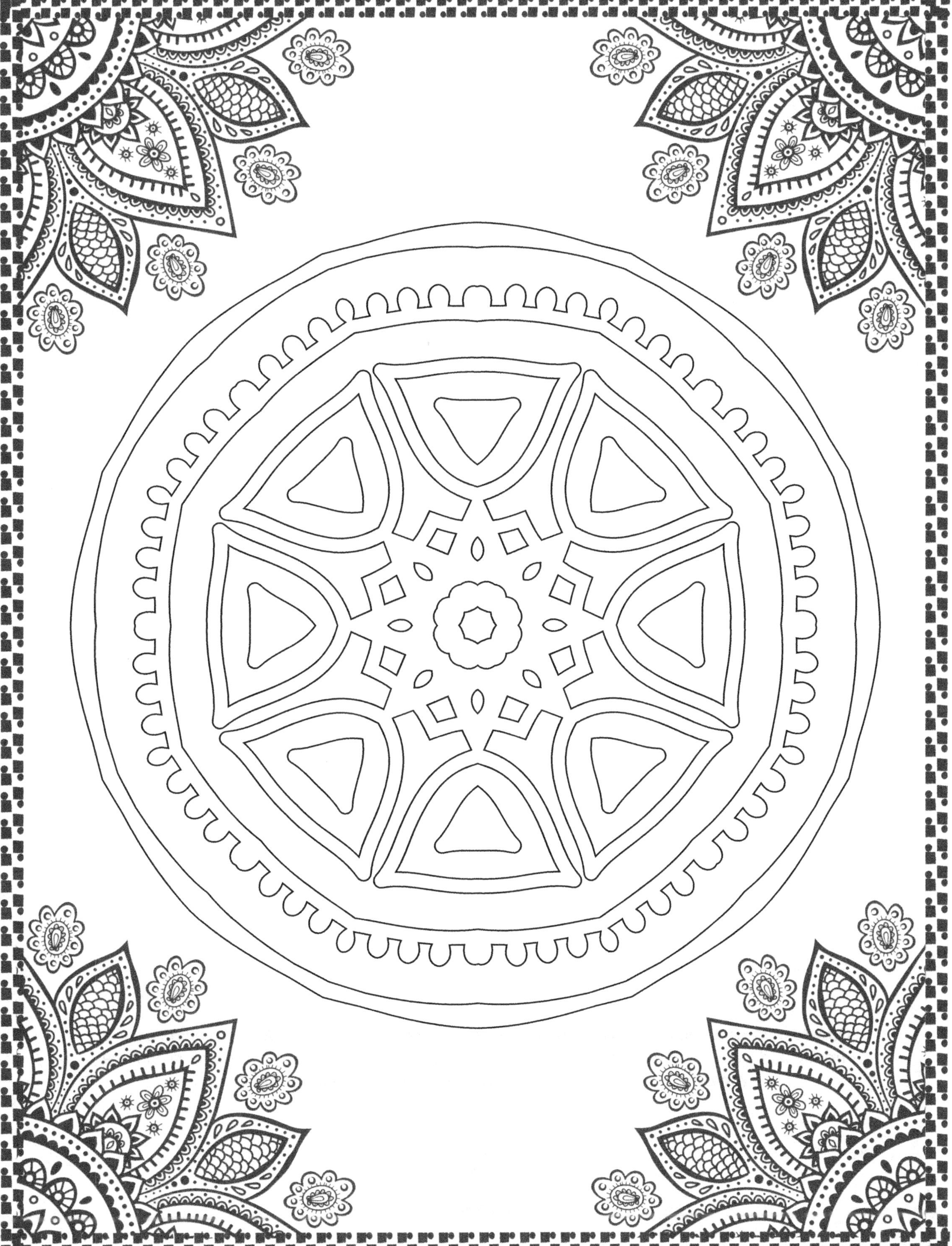

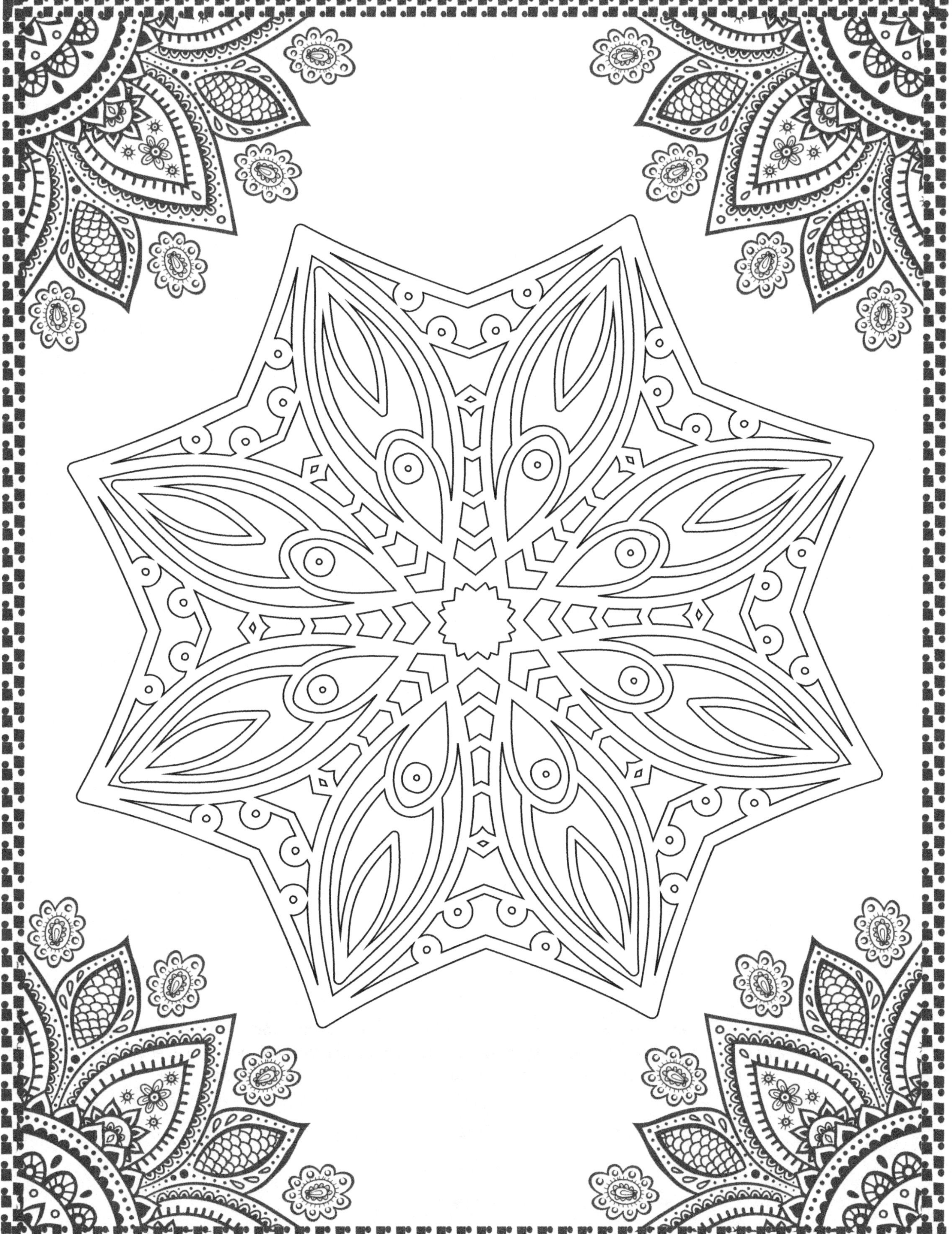

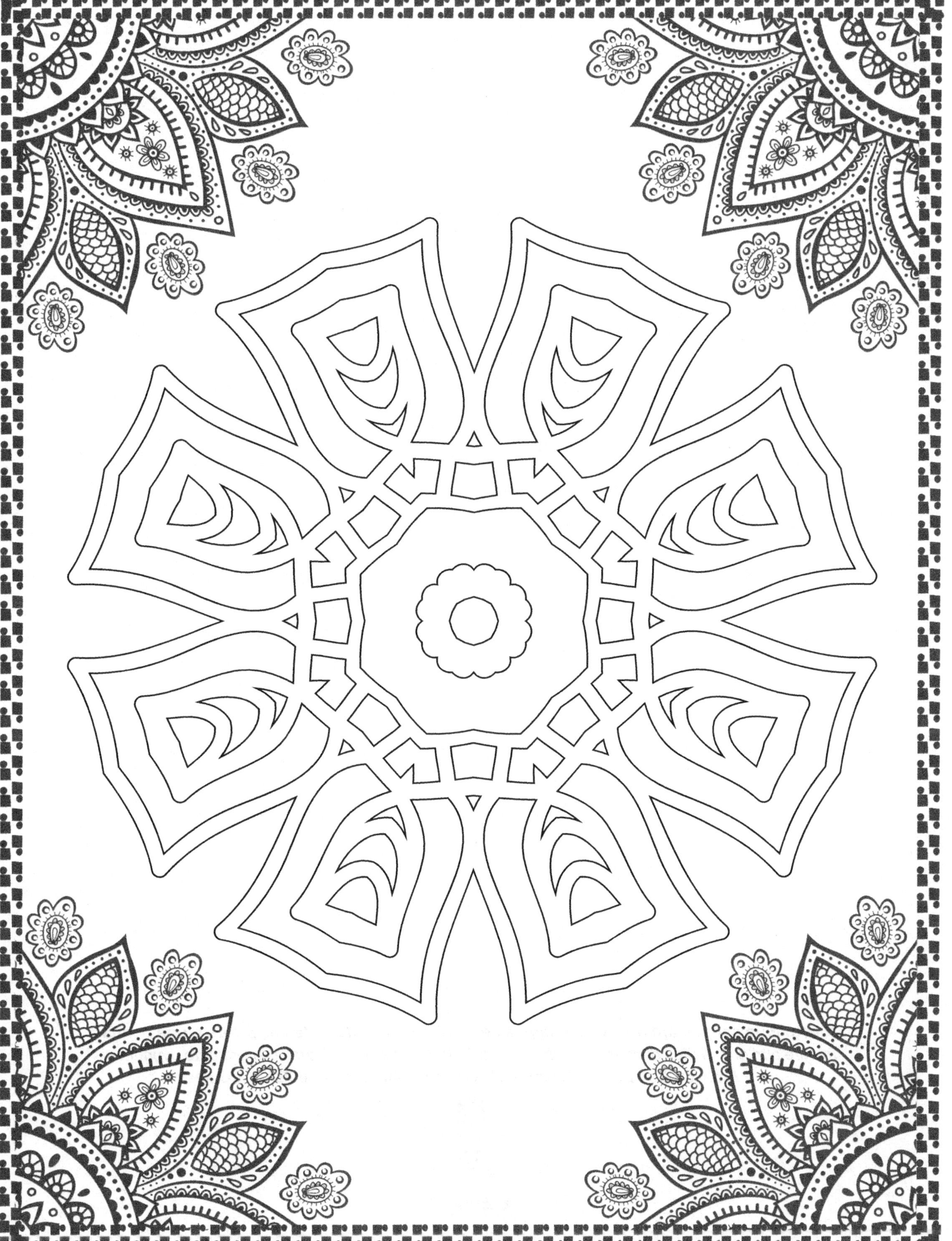

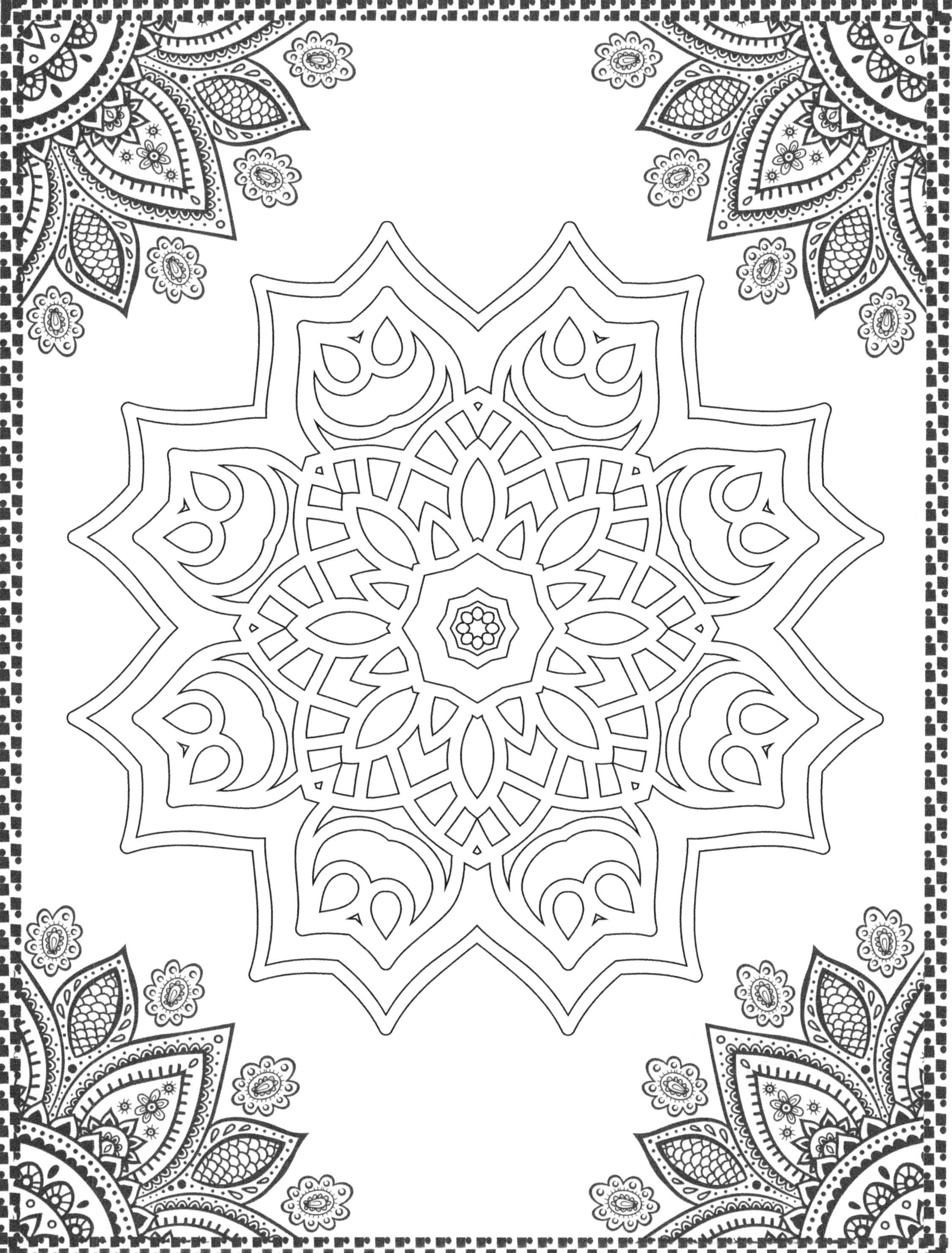

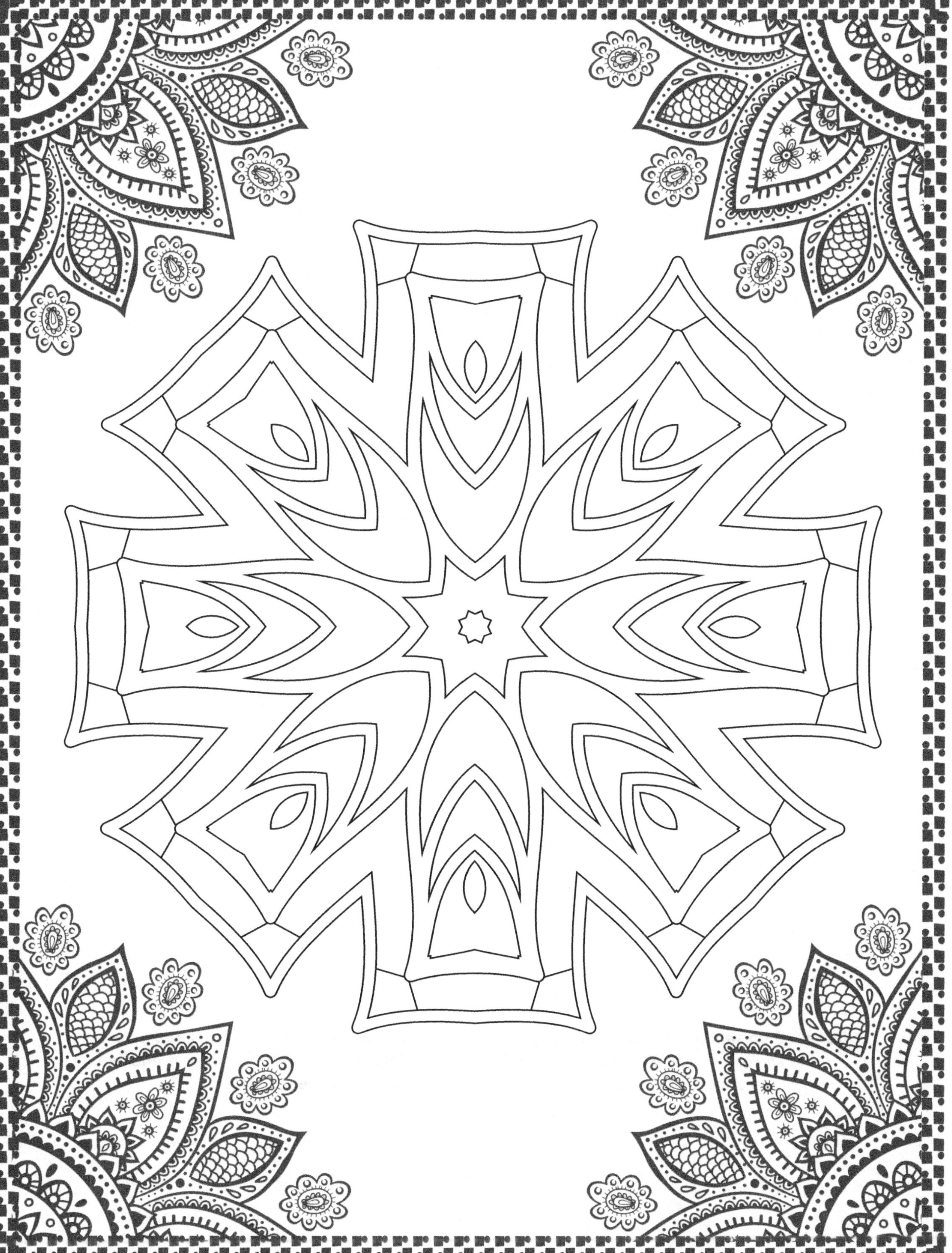

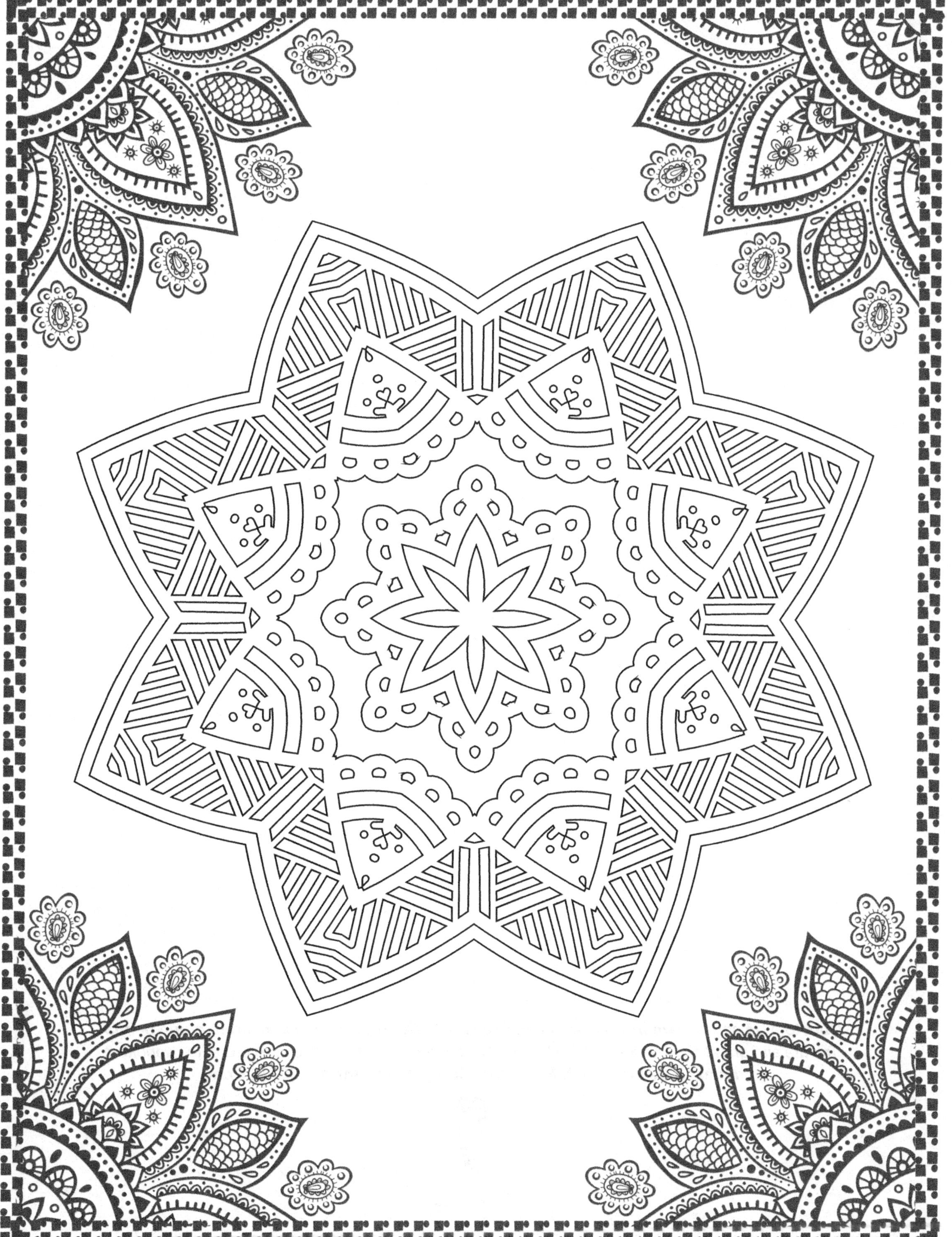

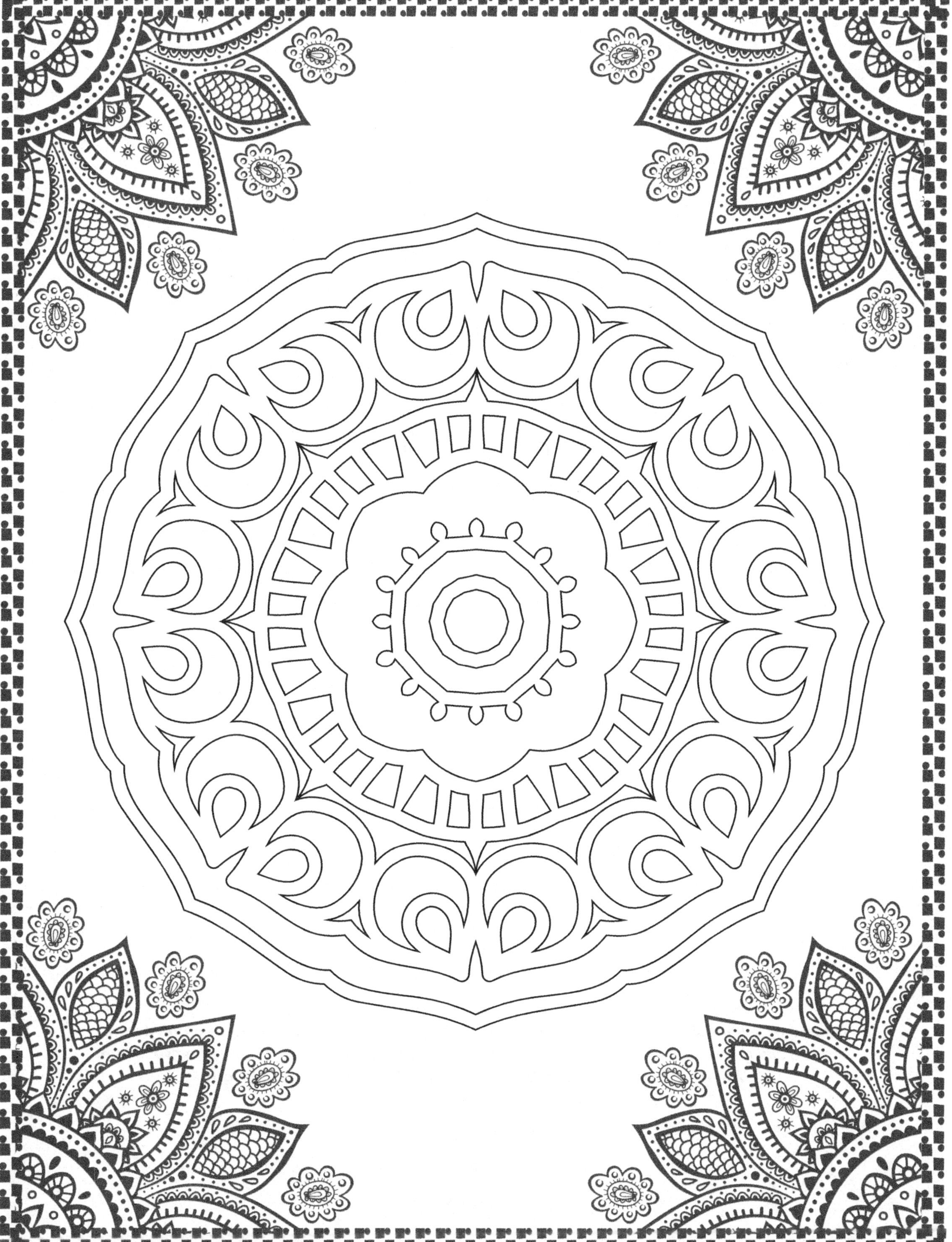

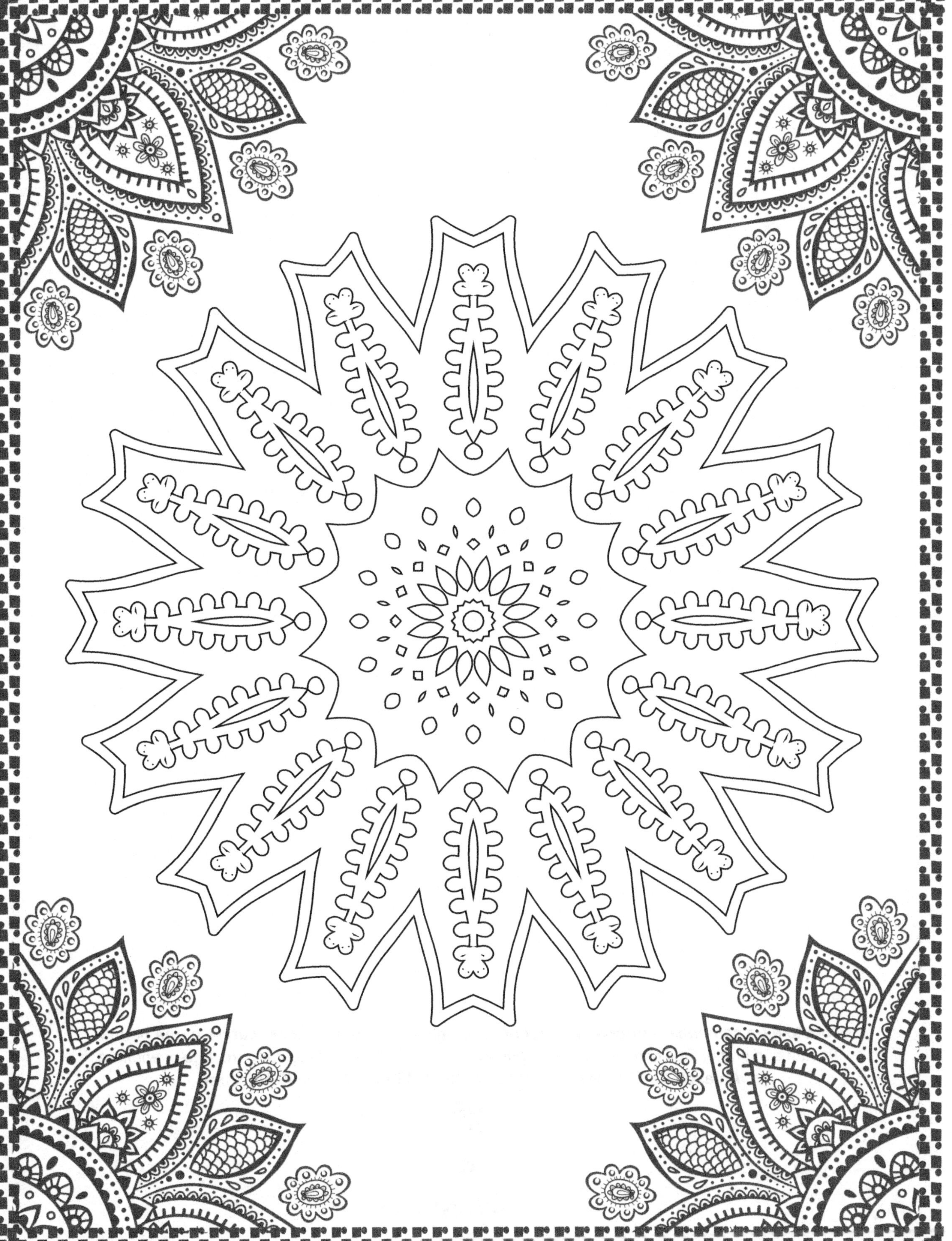

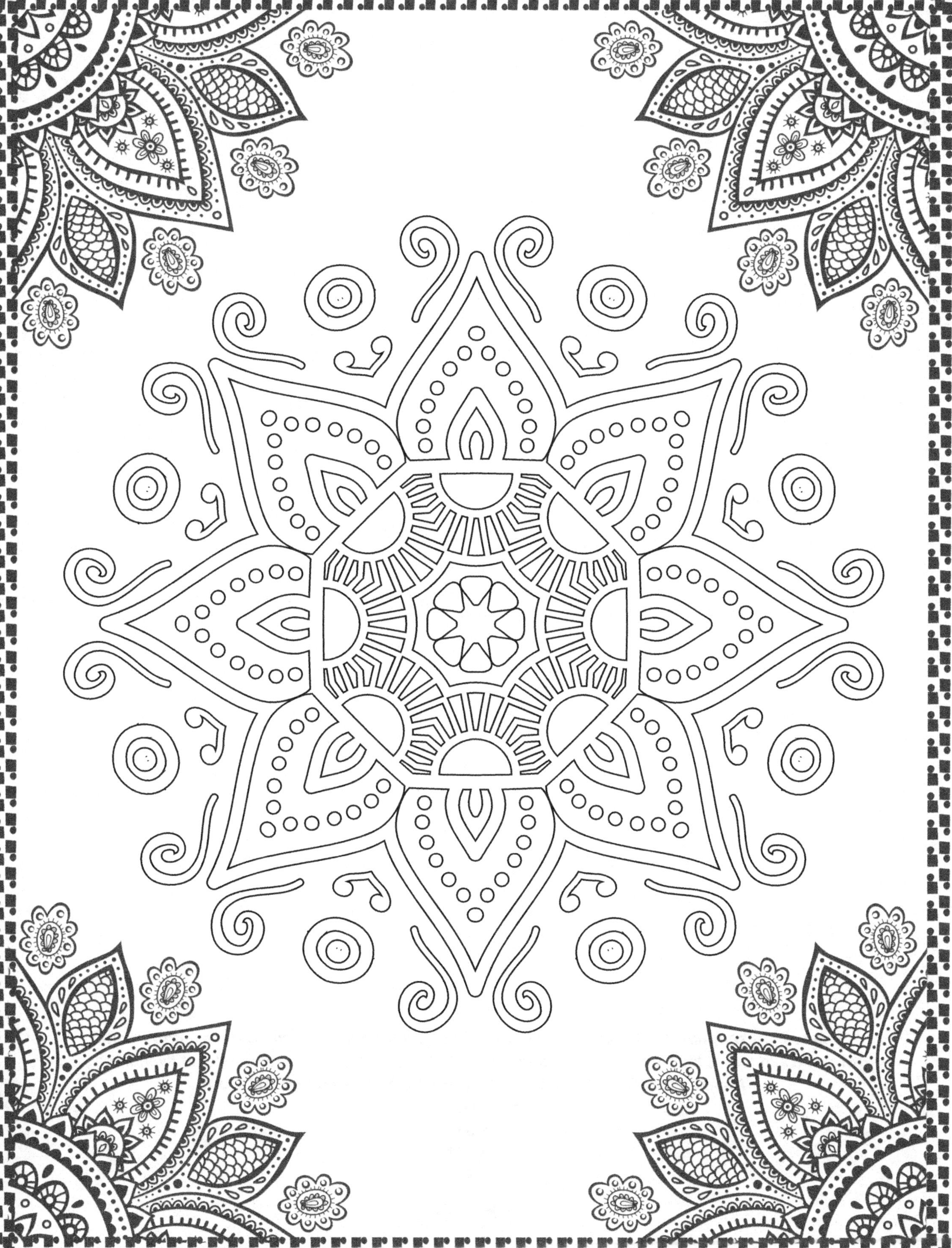

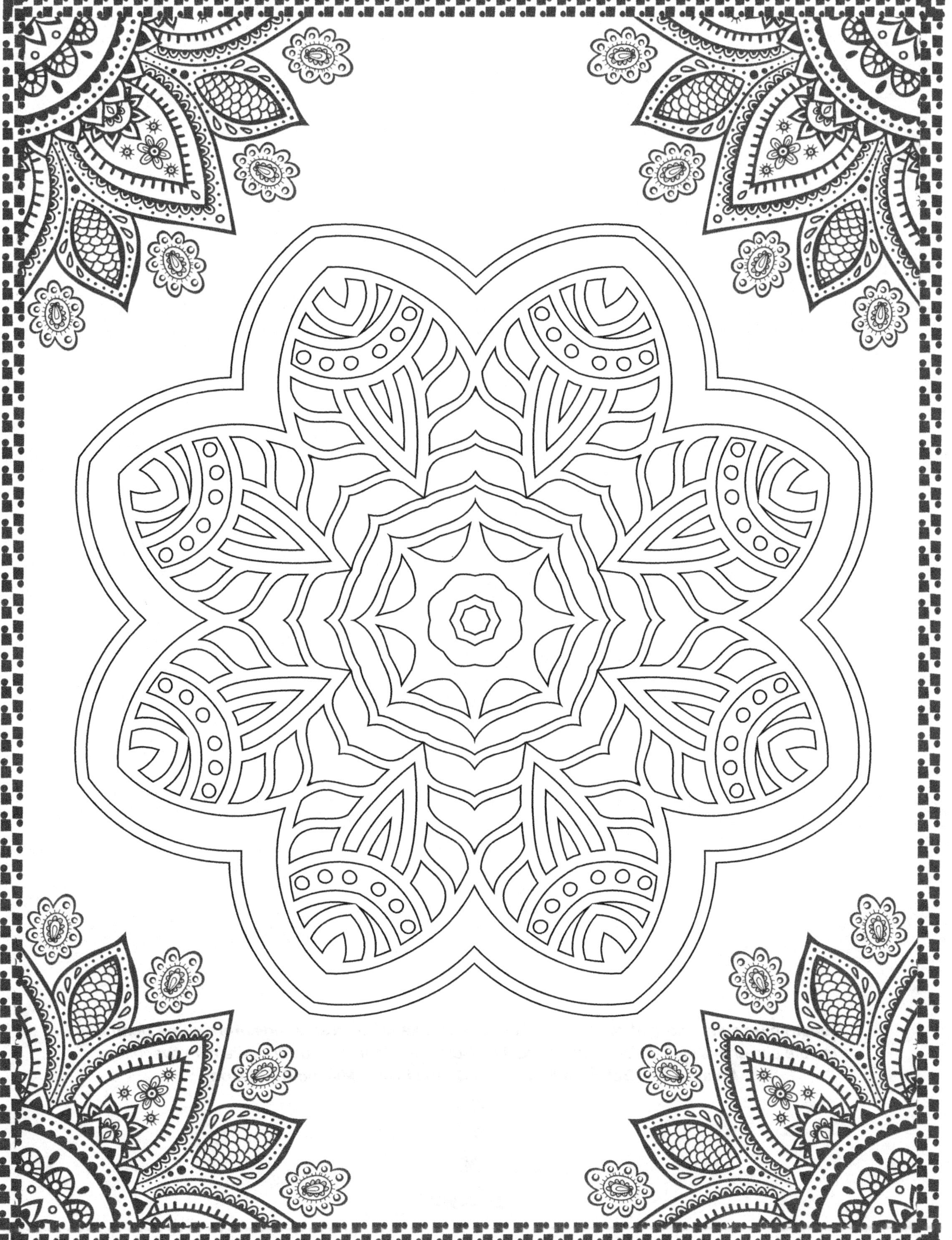

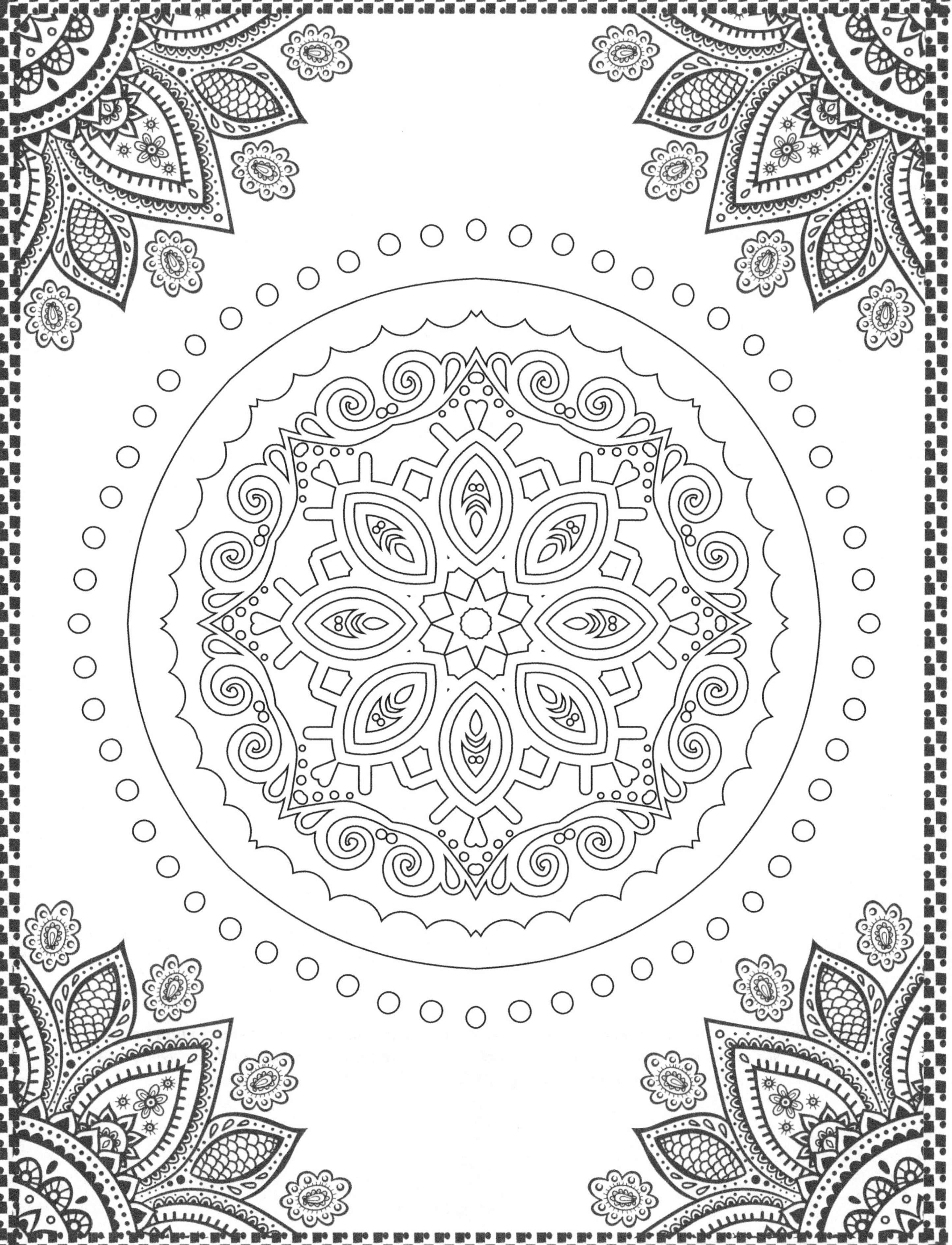

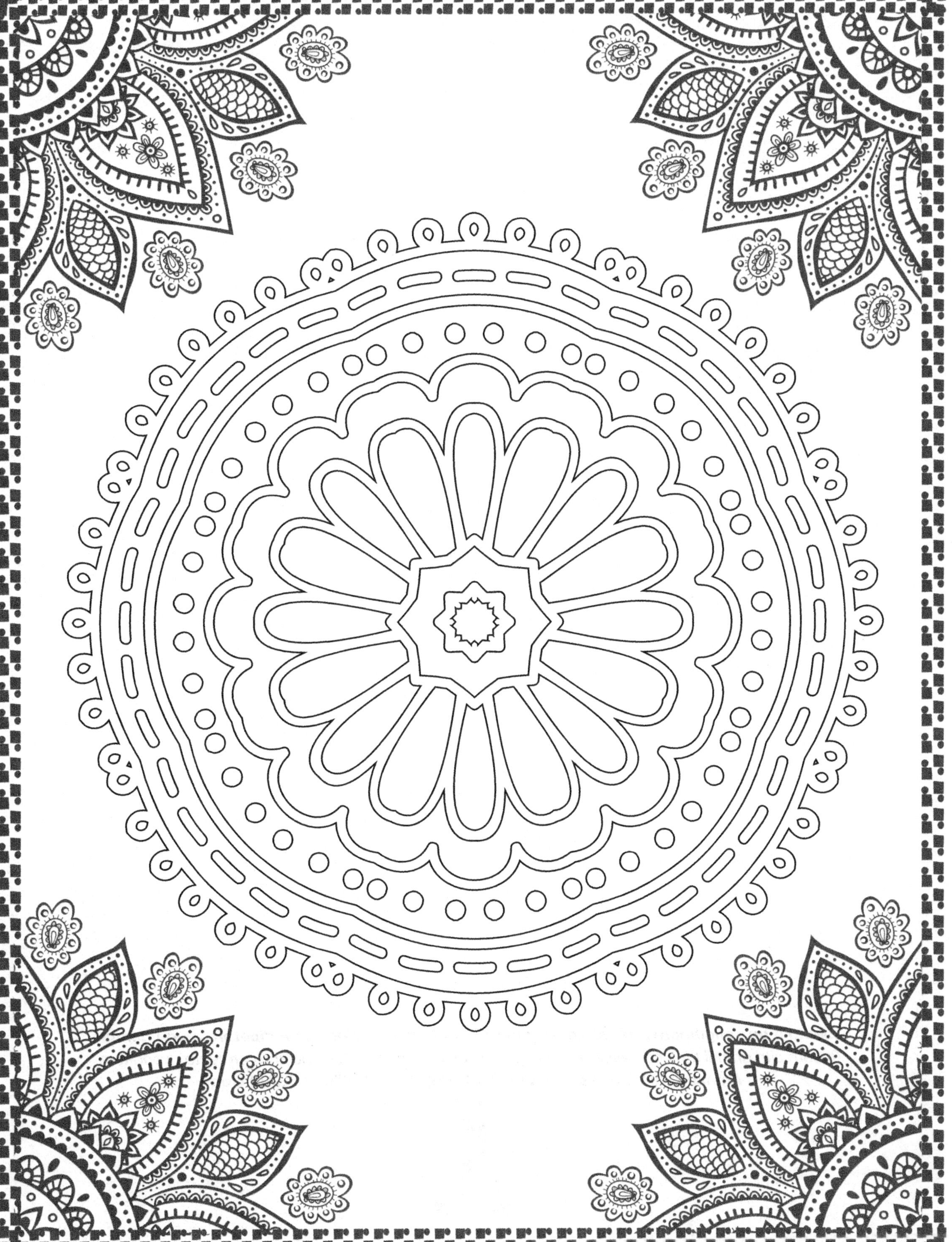

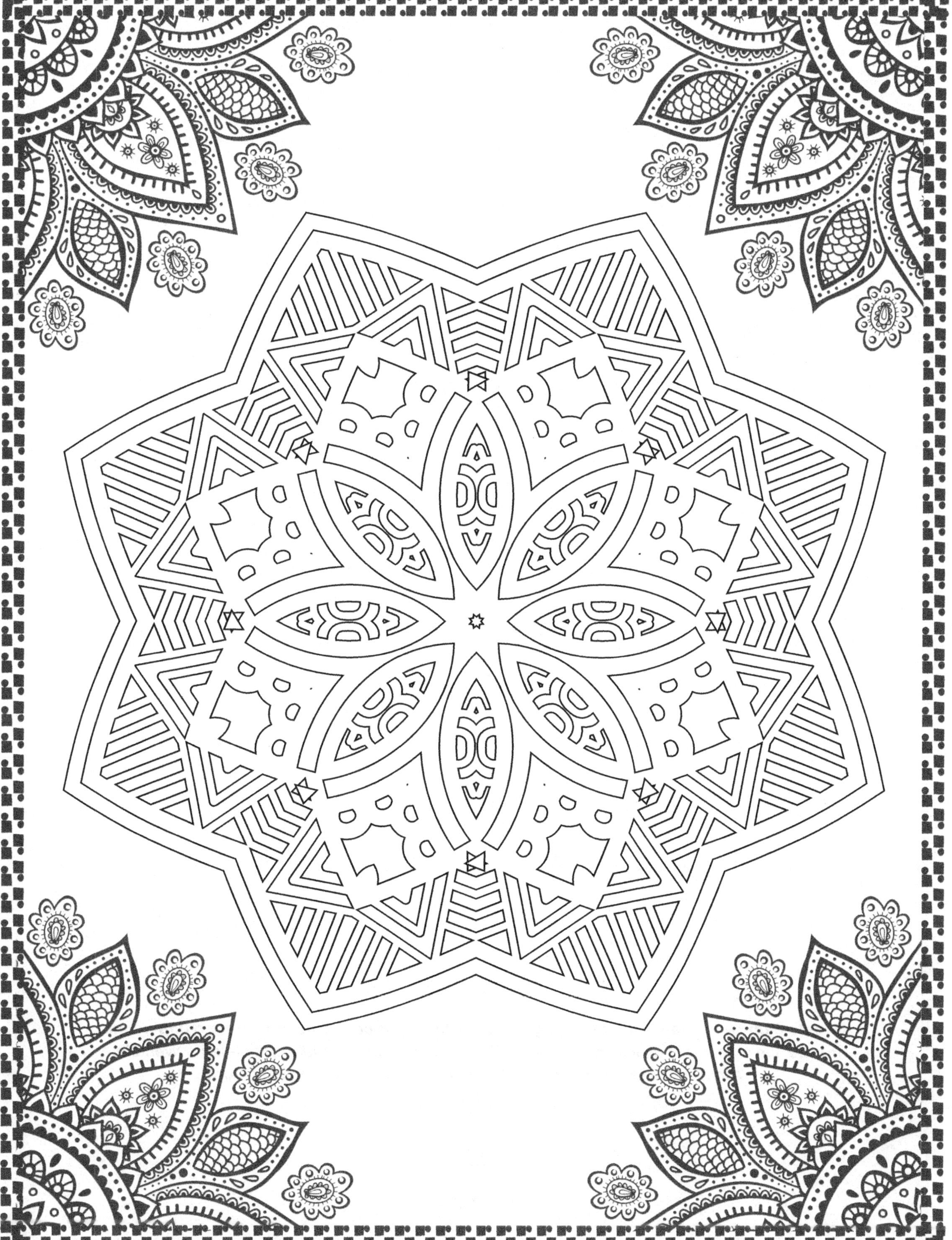

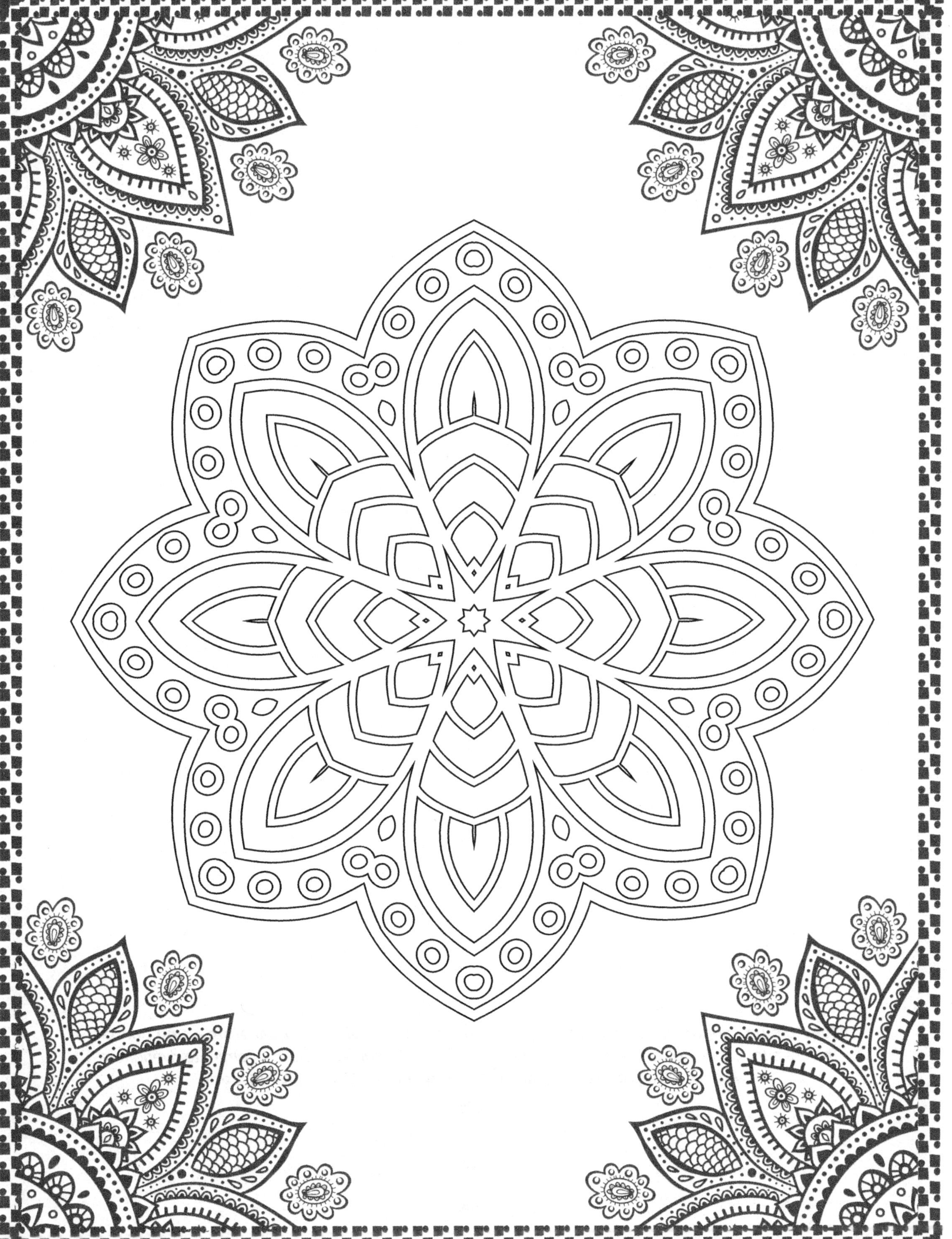

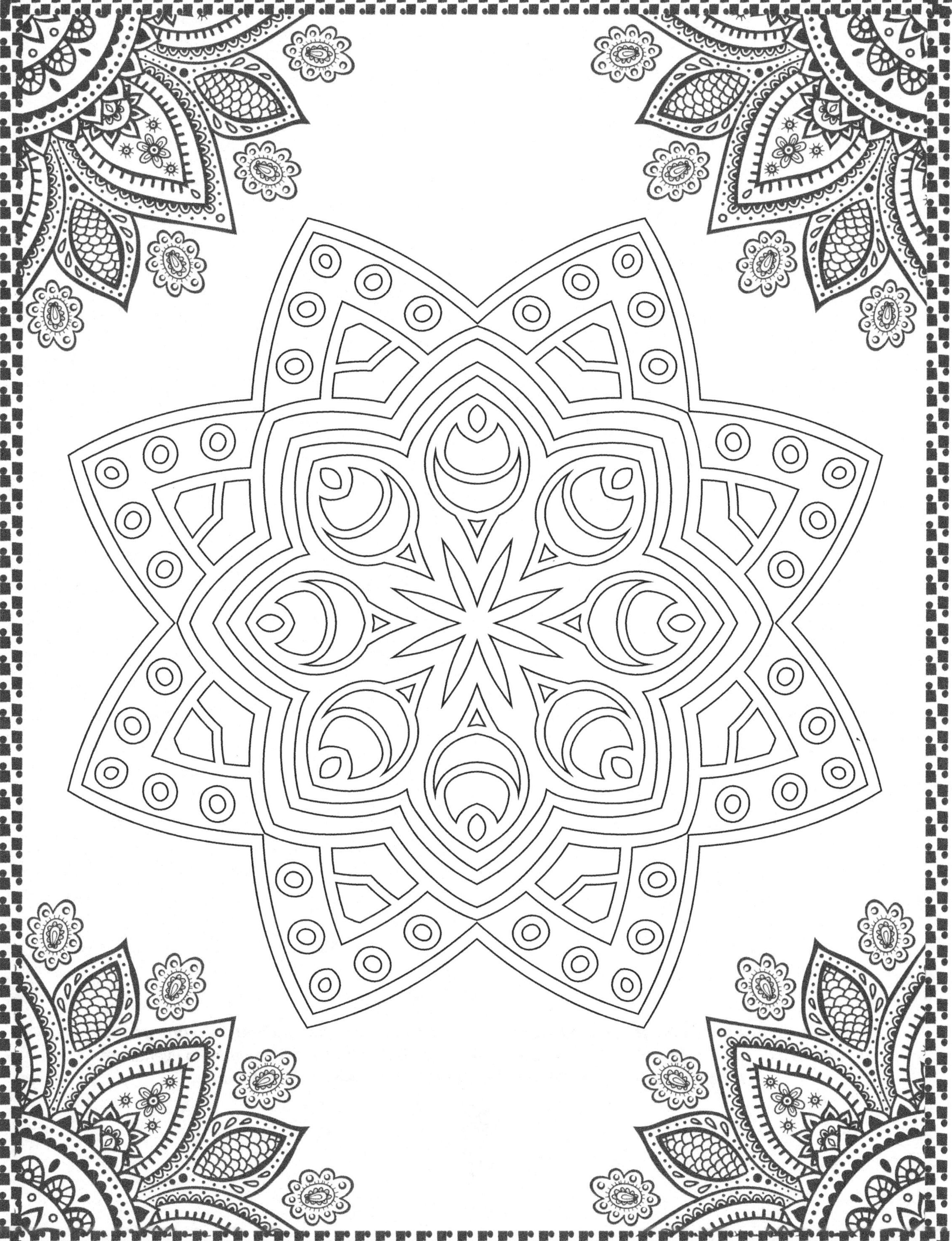

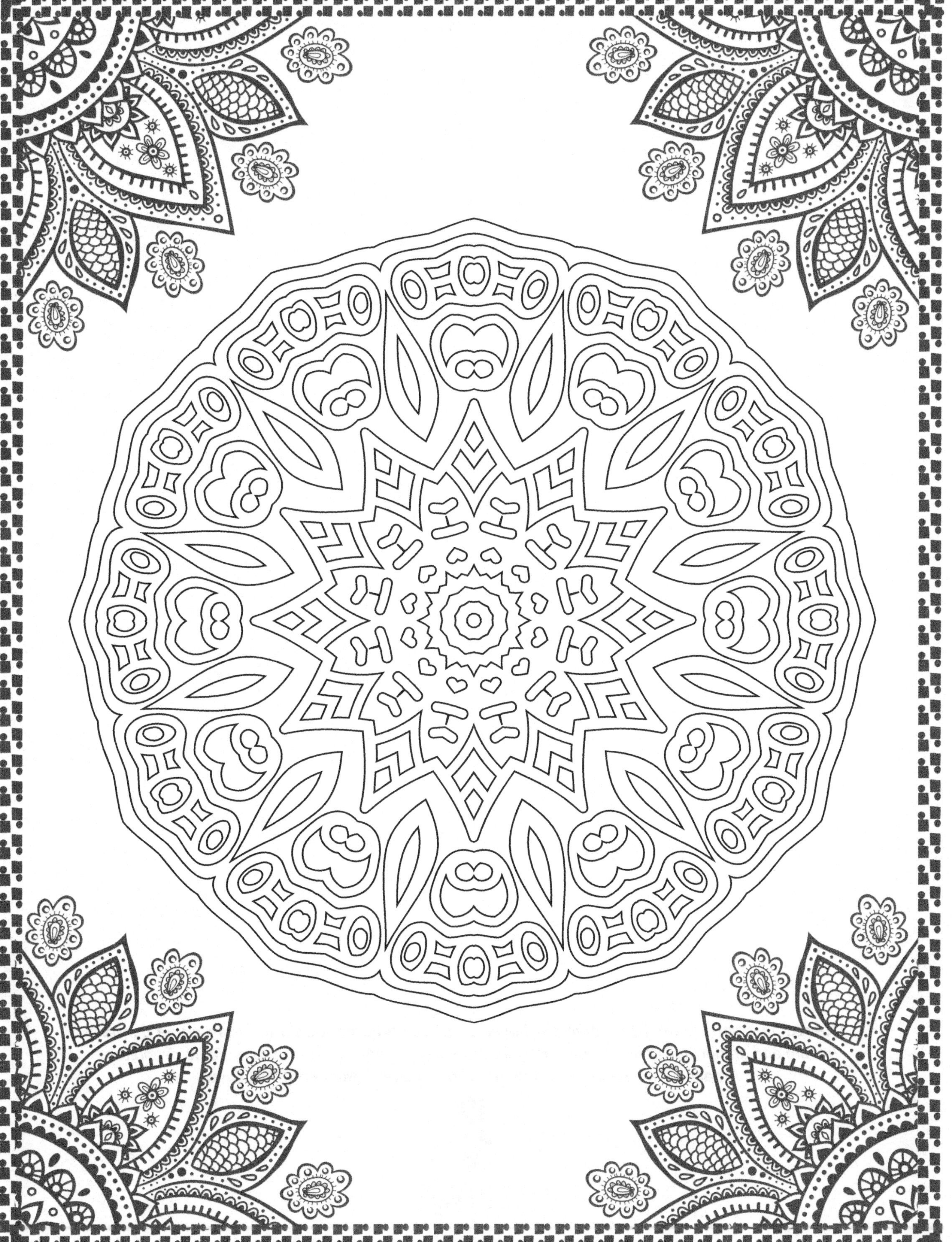

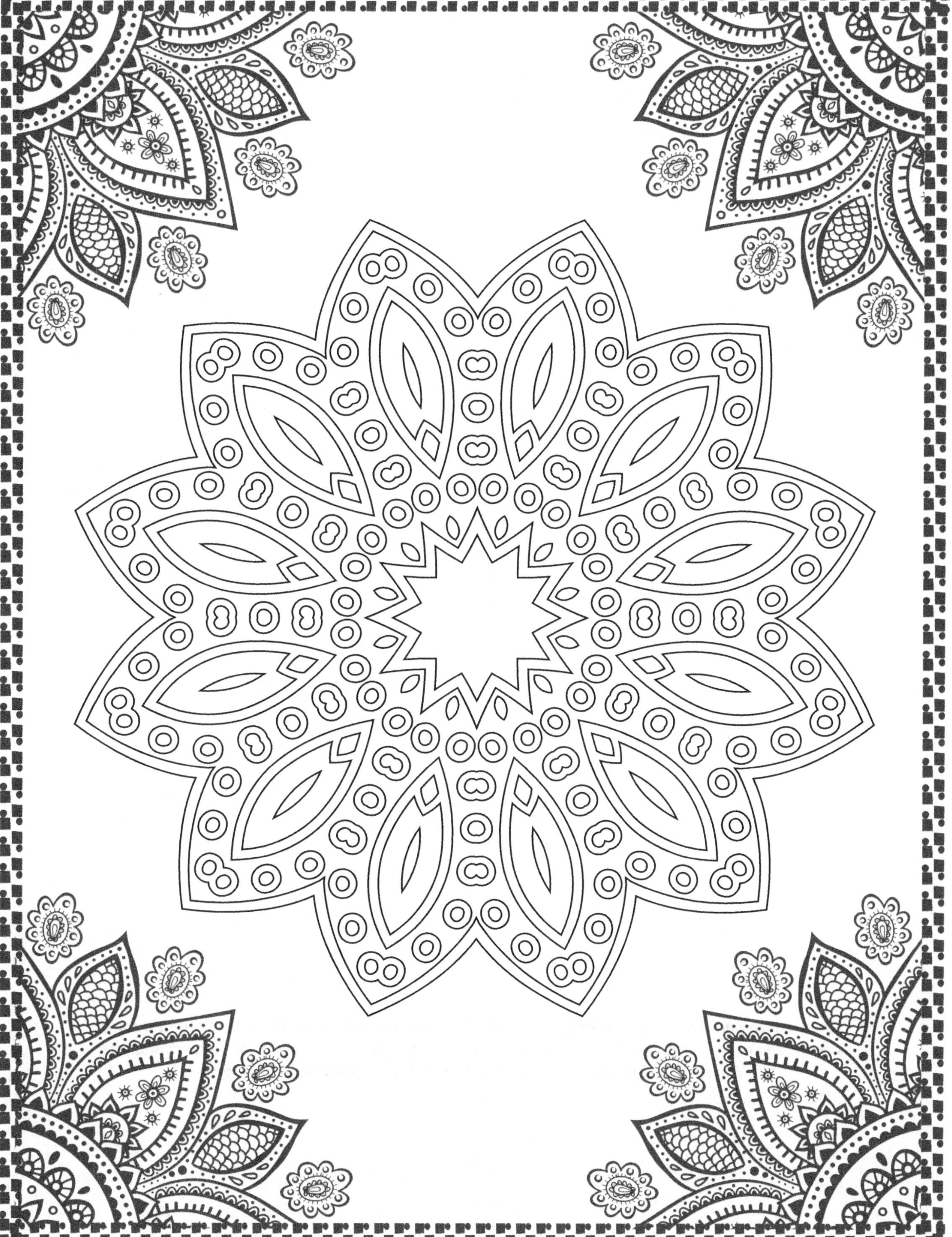

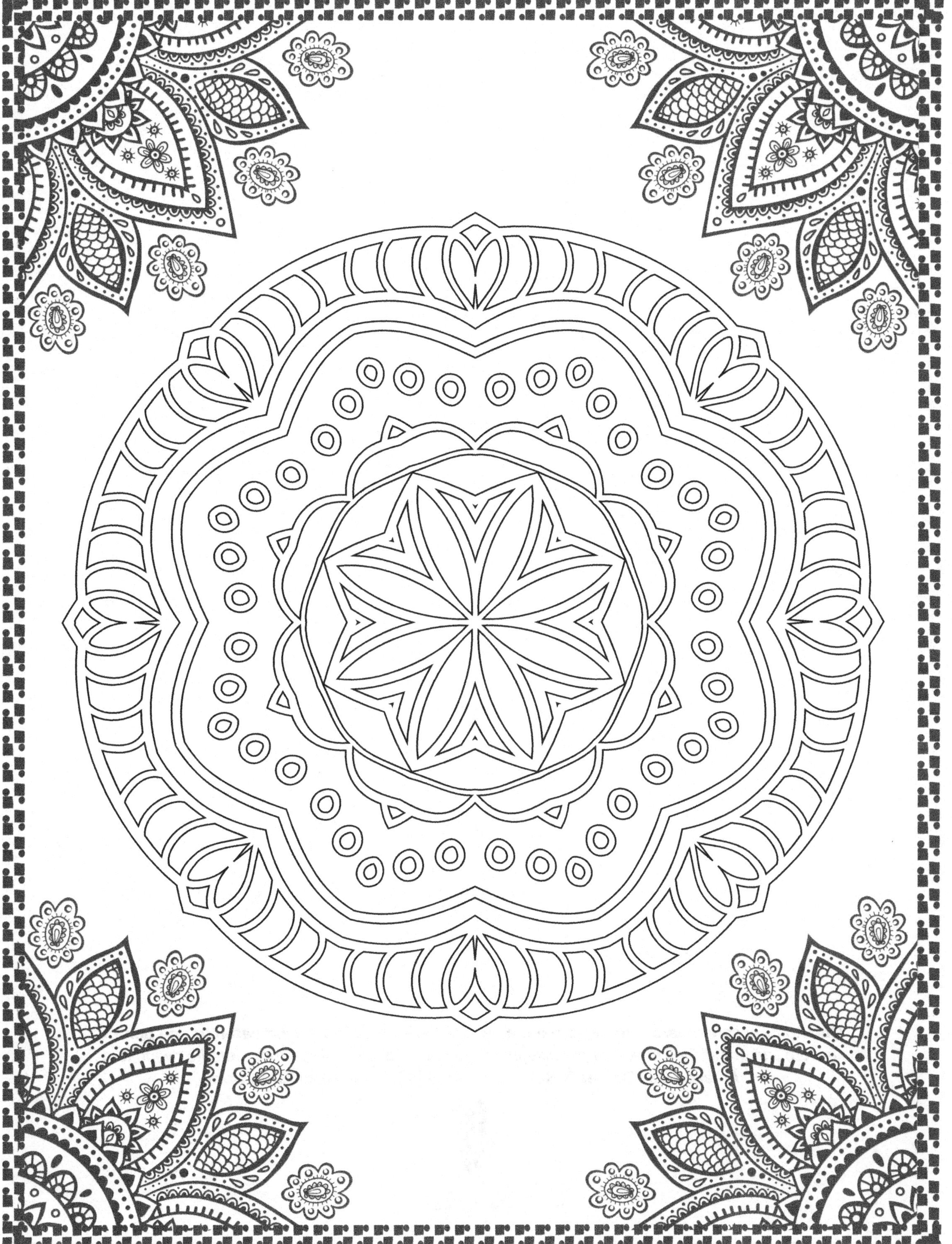

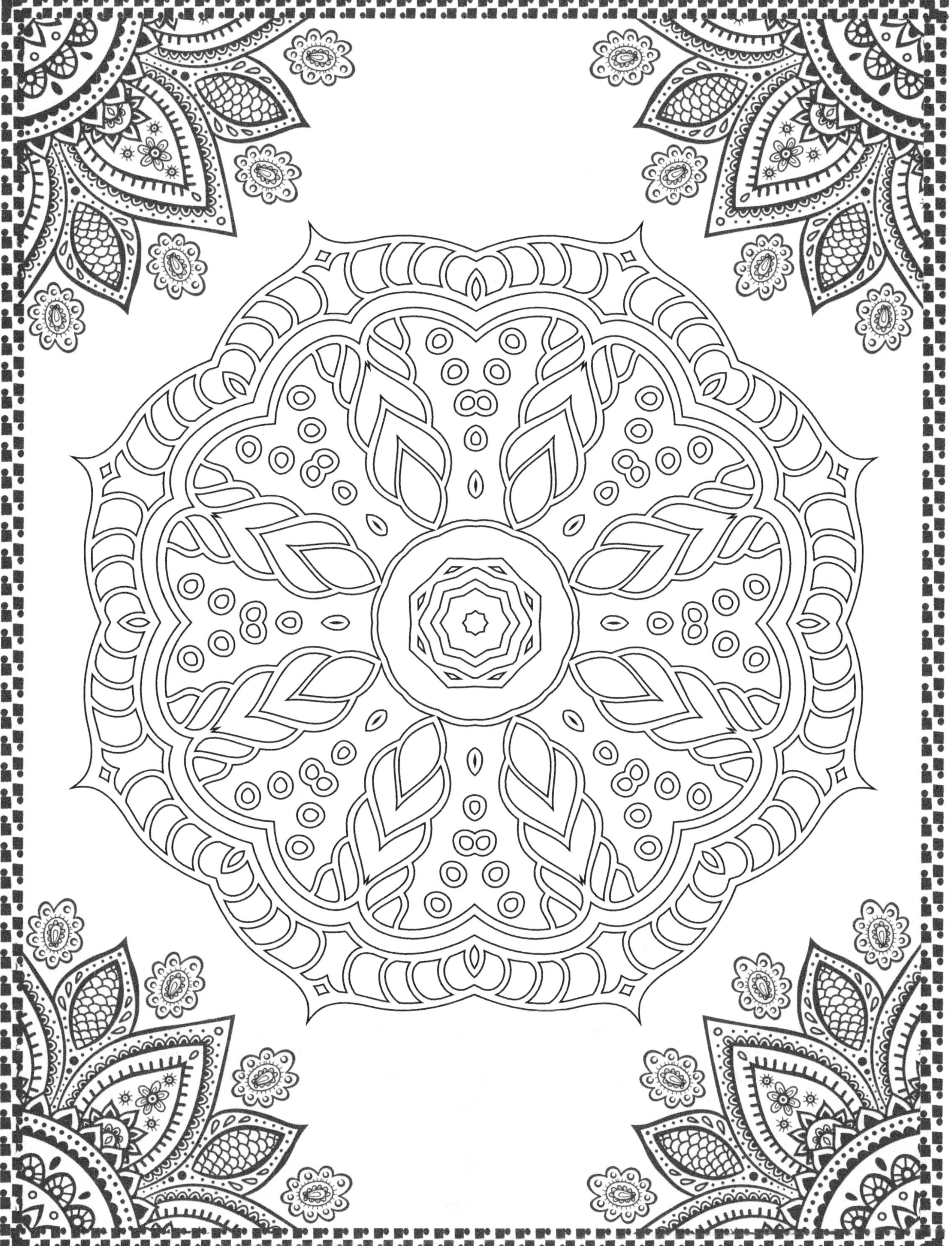

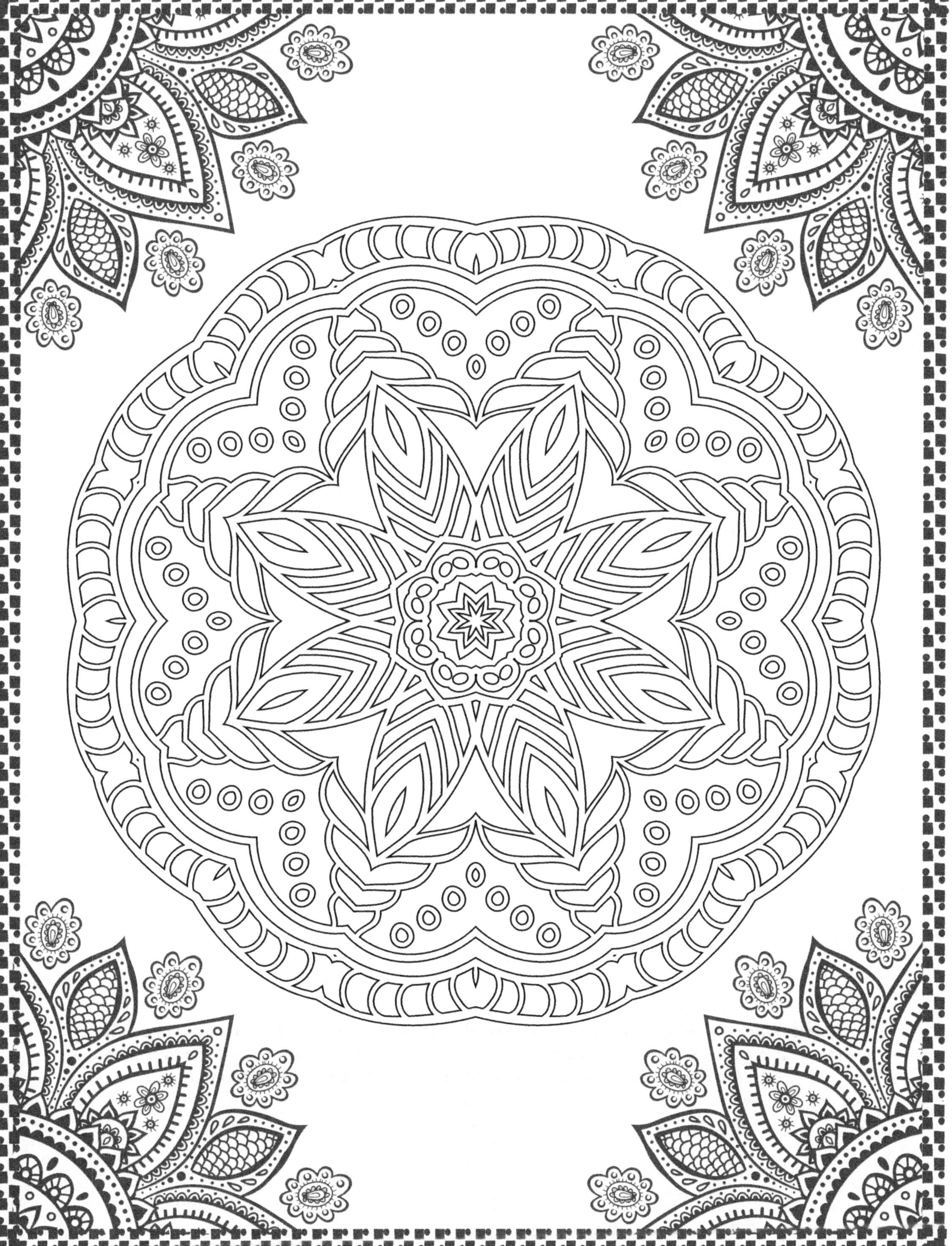

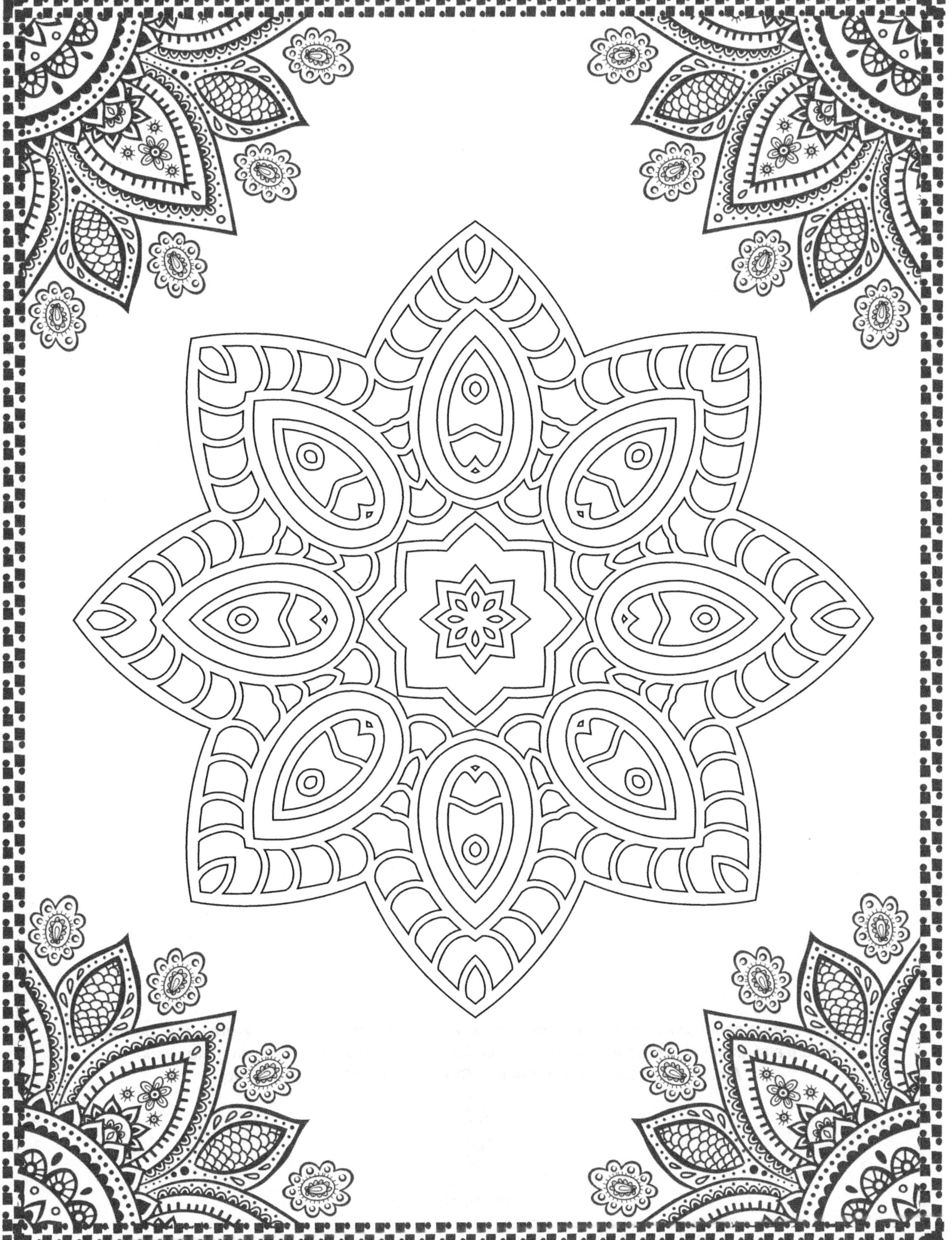

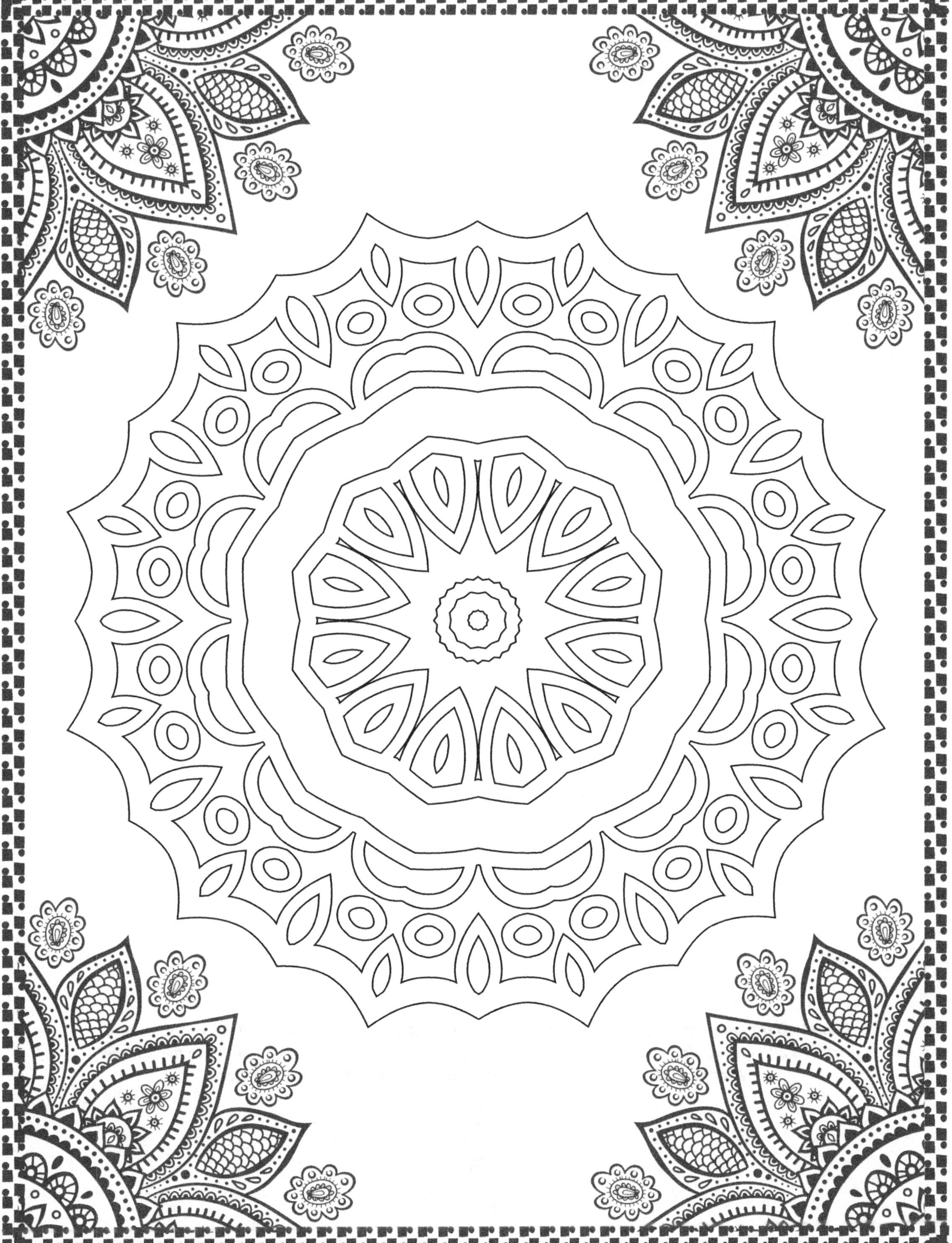

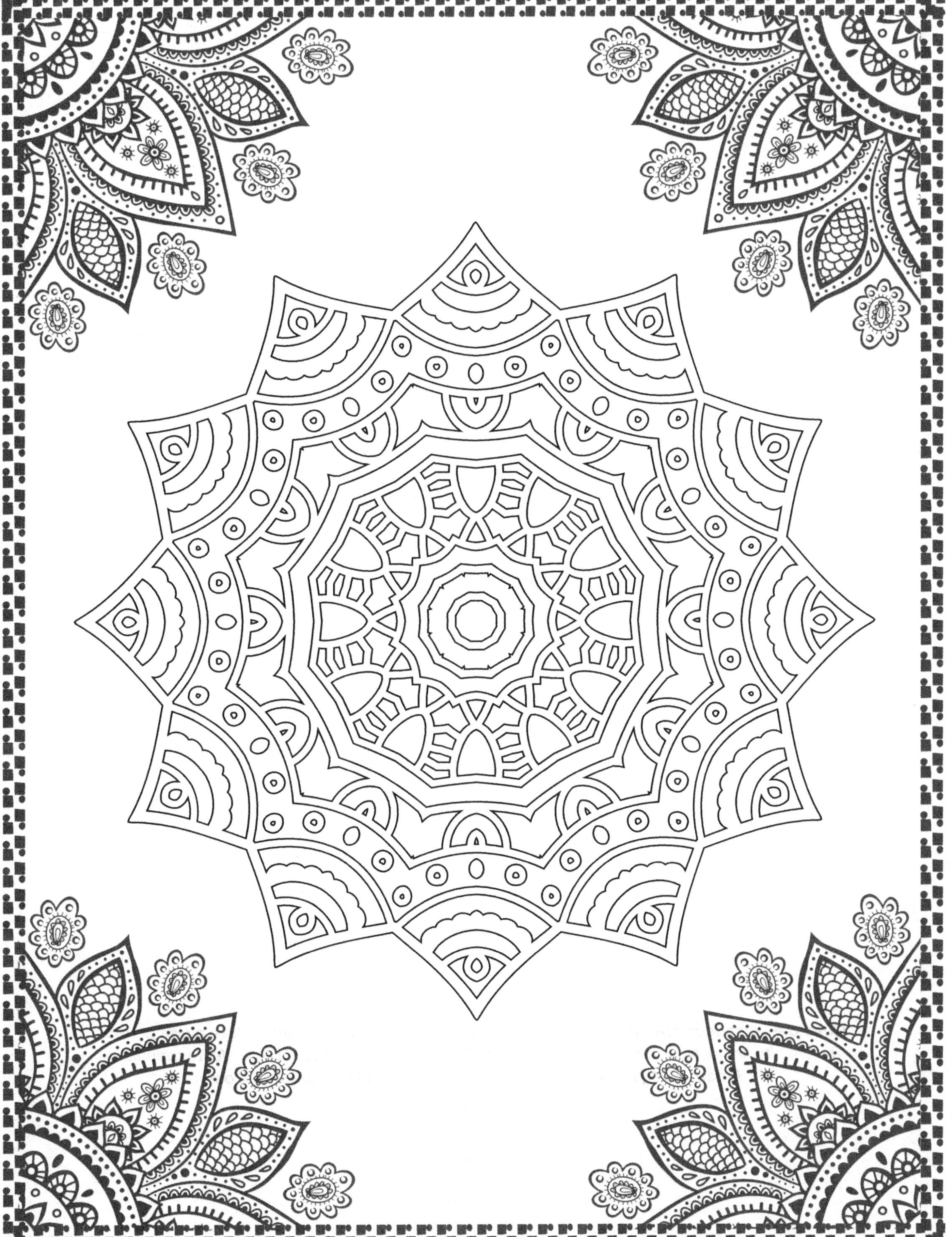

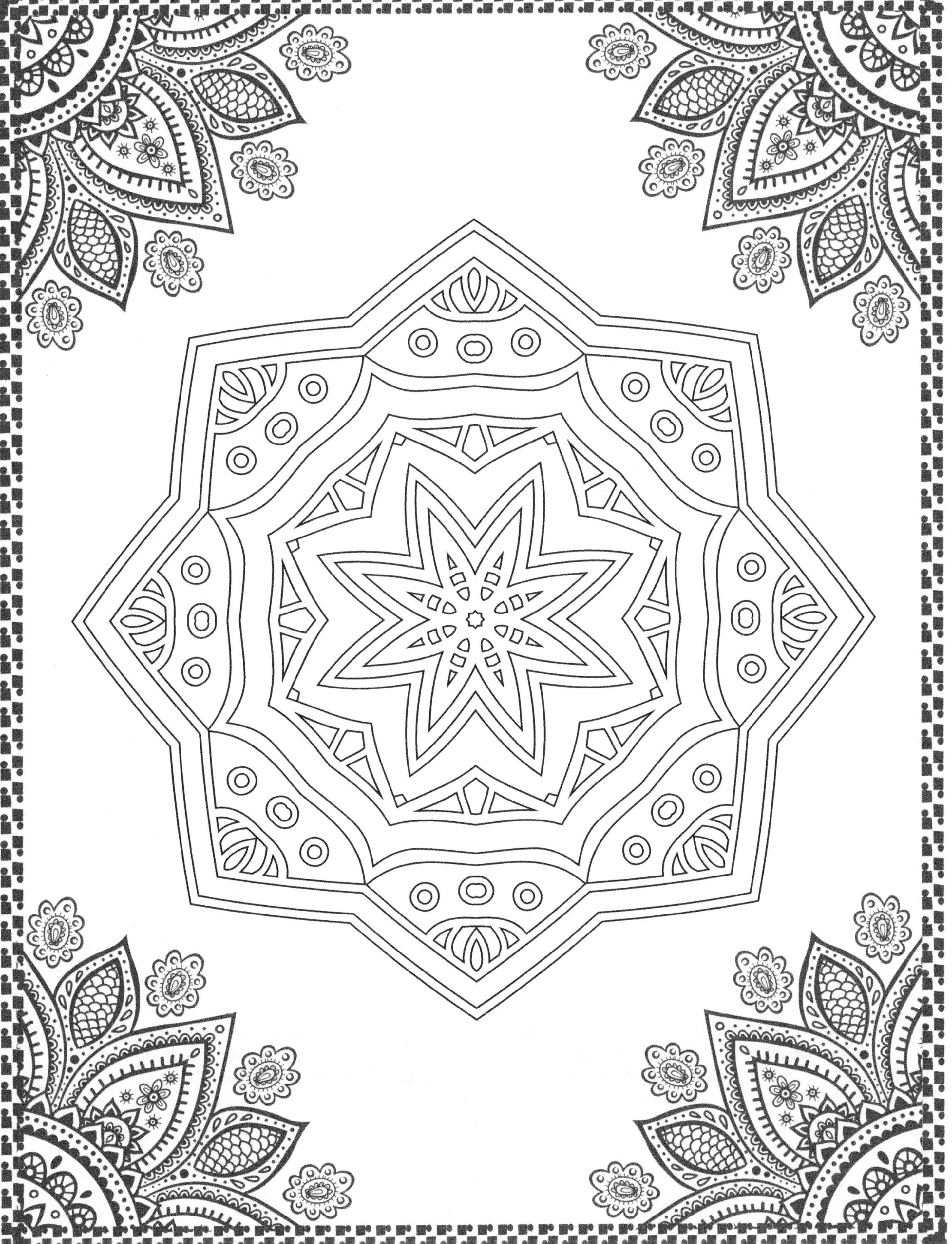

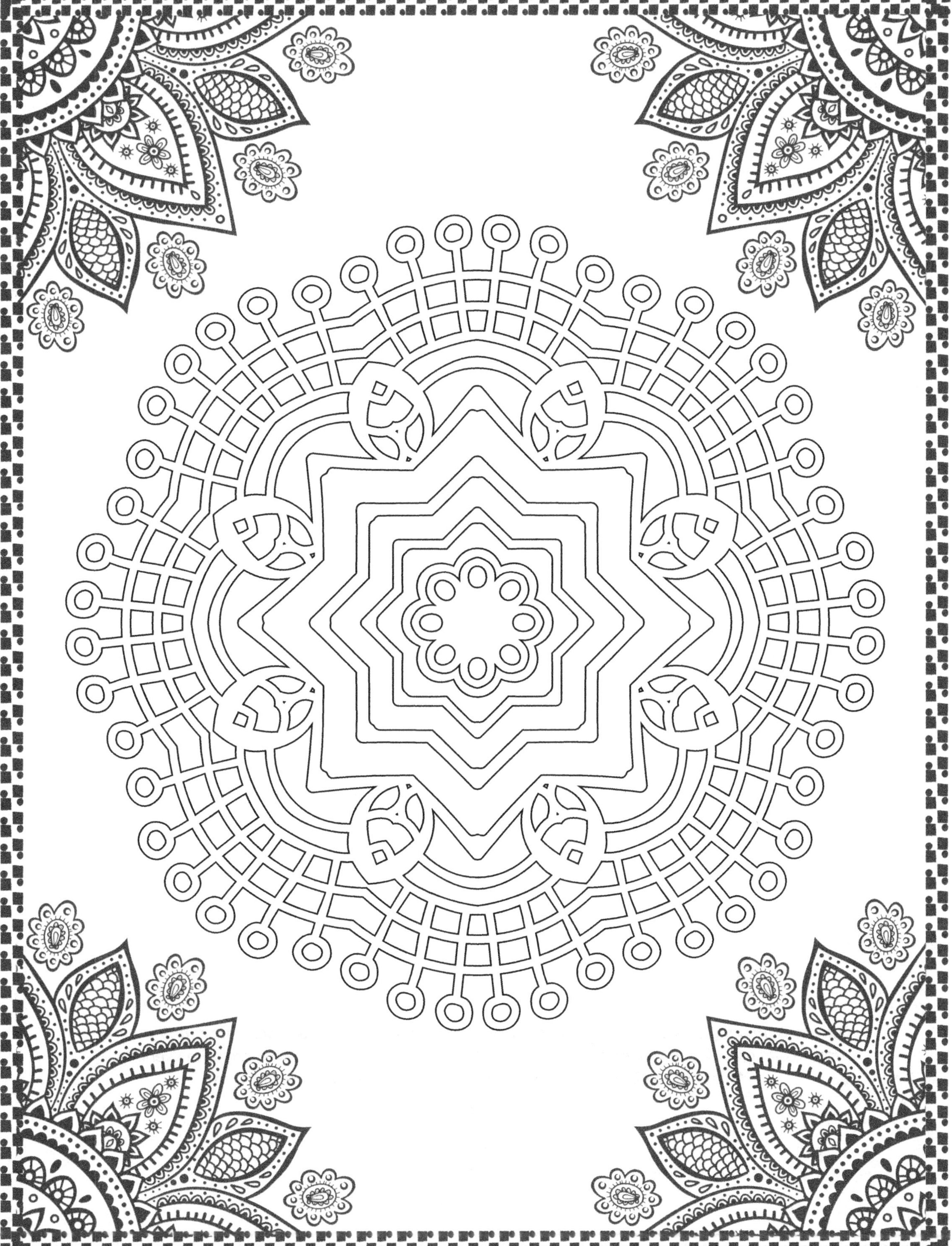

Made in the USA
Monee, IL
07 July 2026

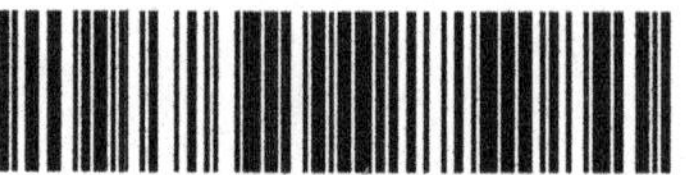

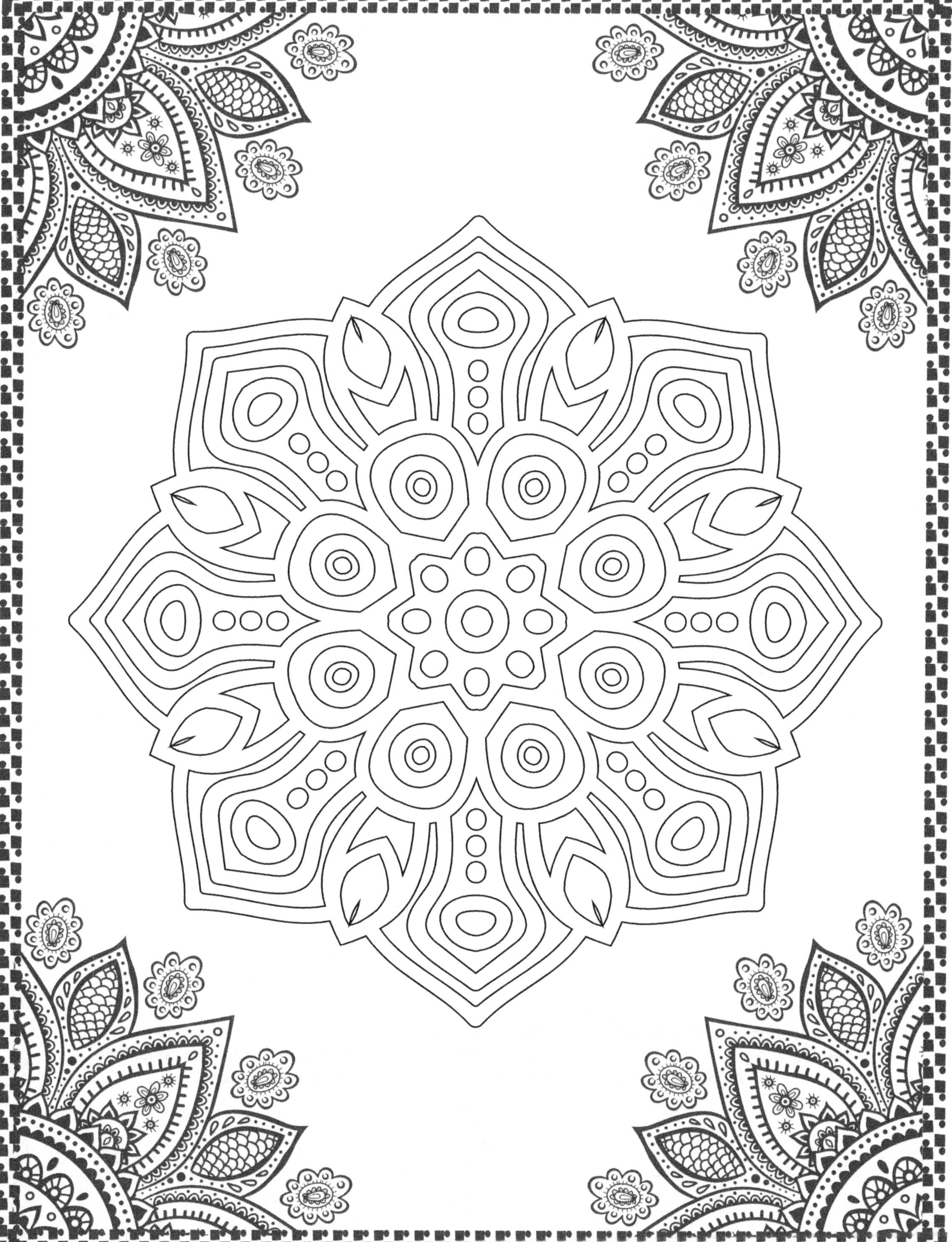

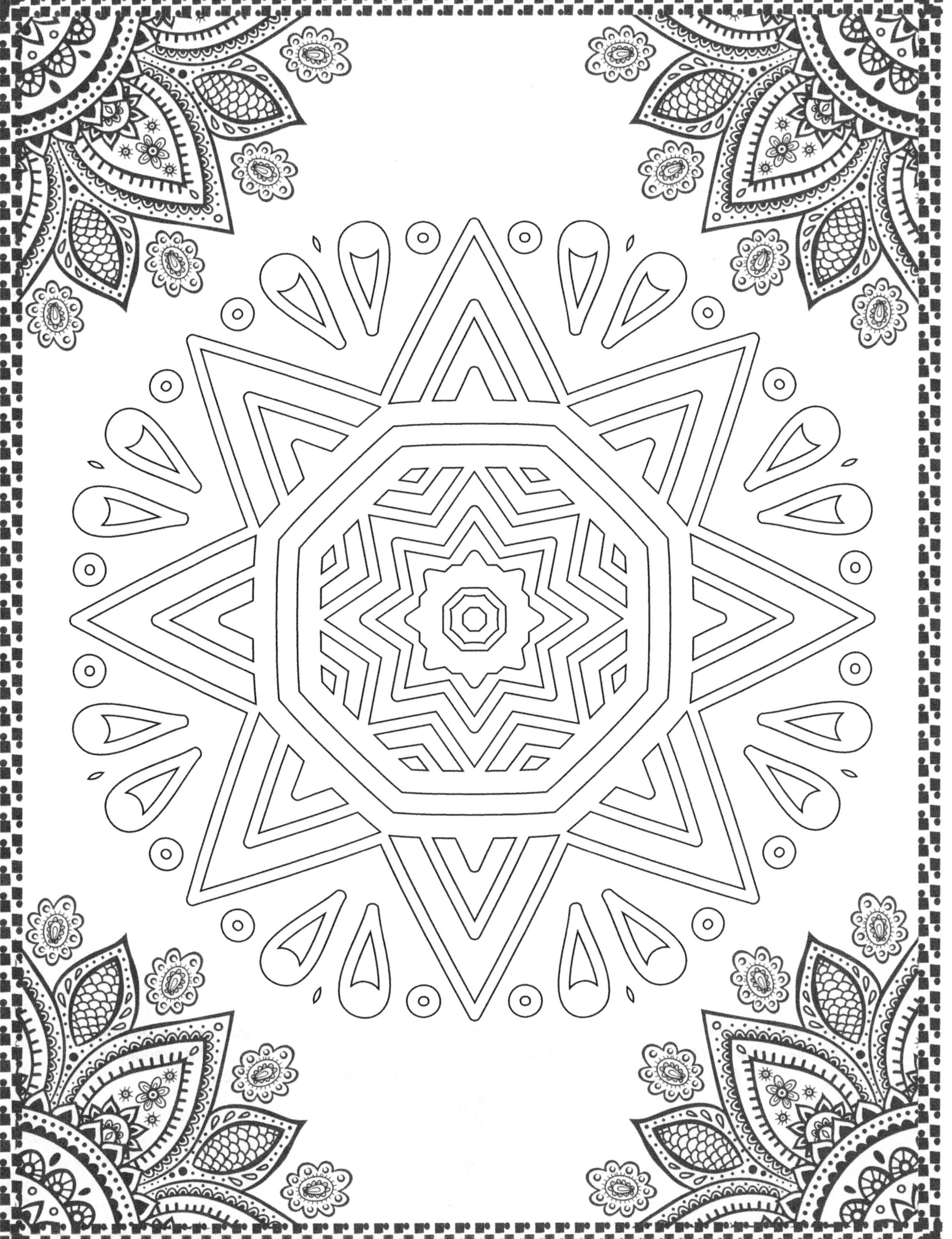

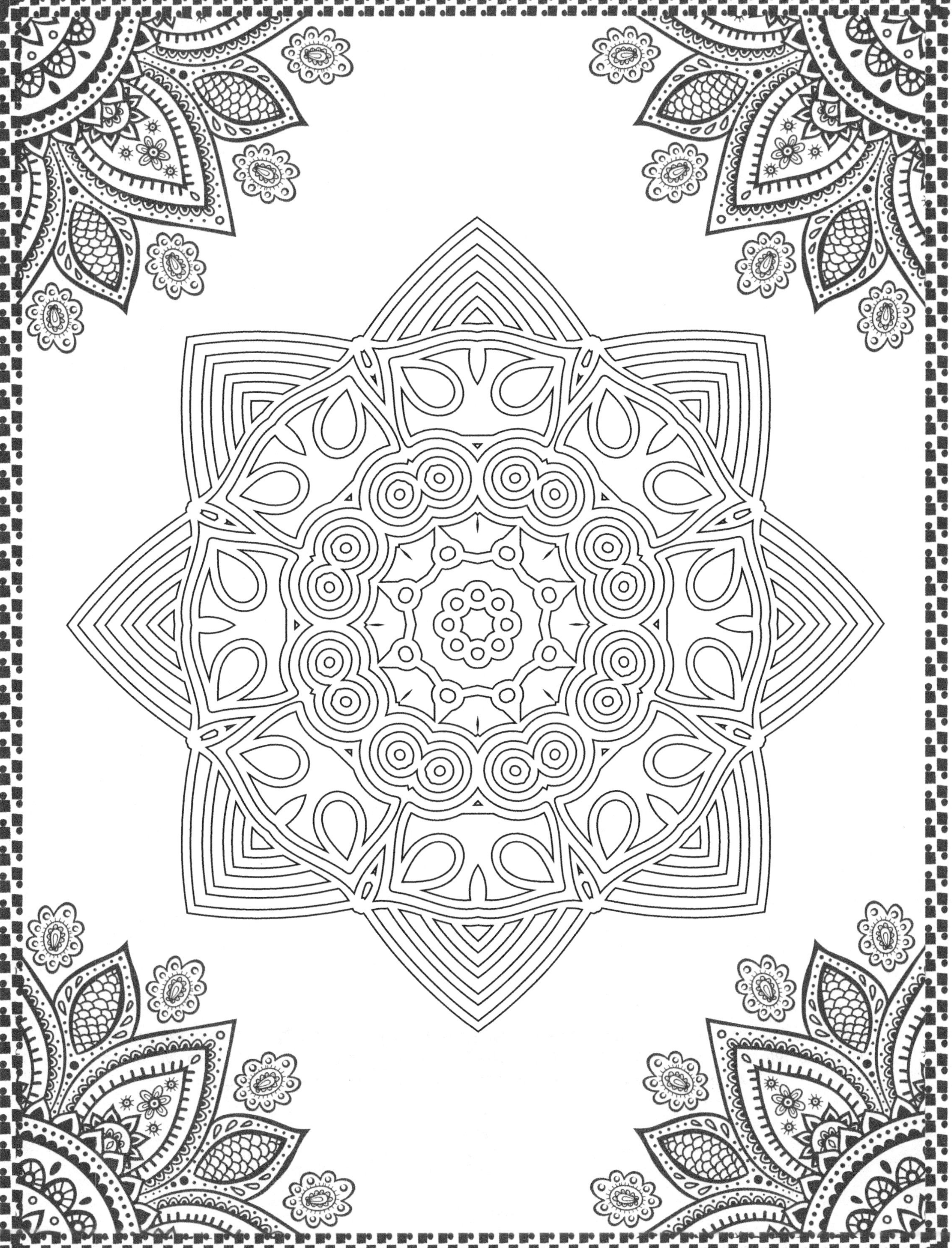

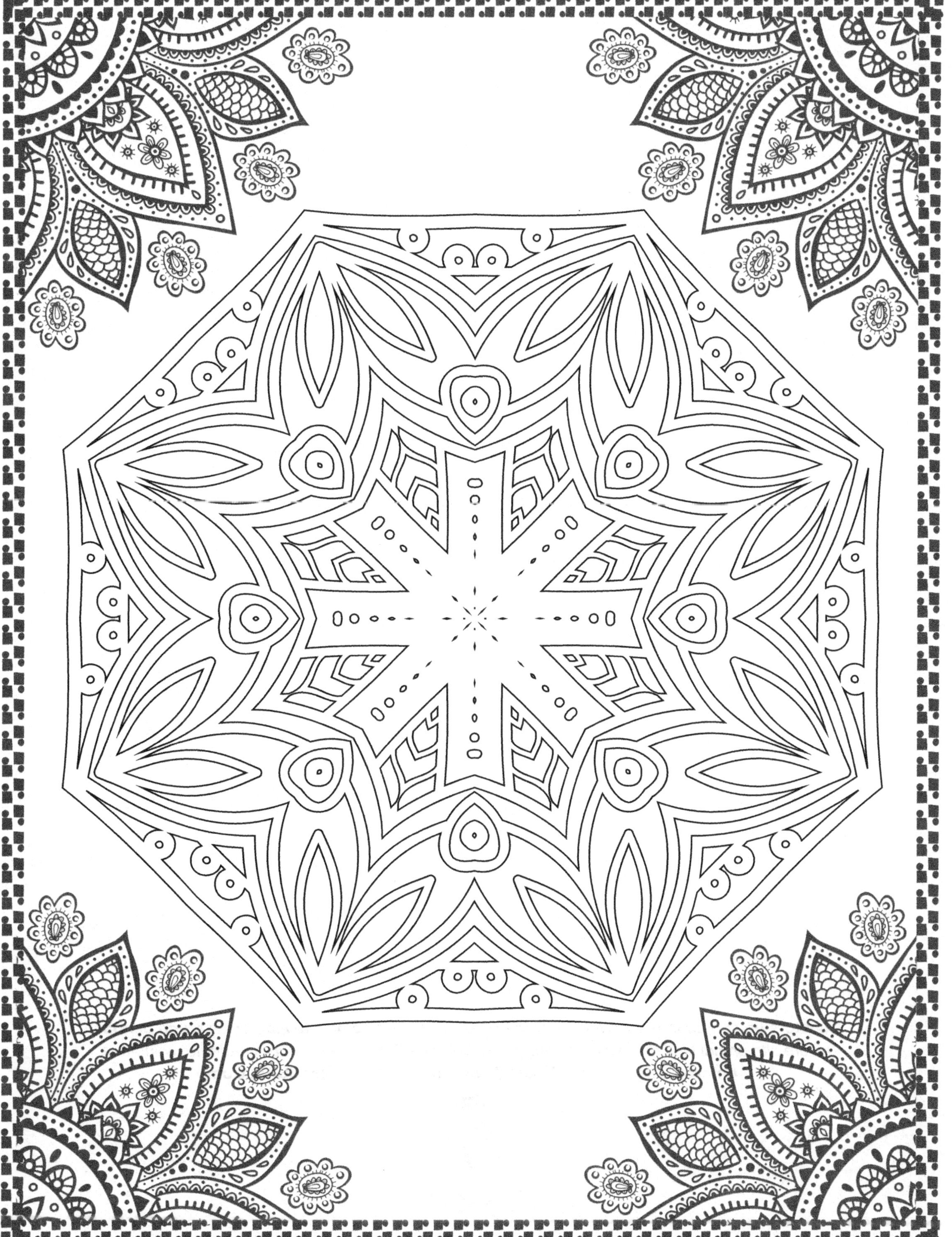

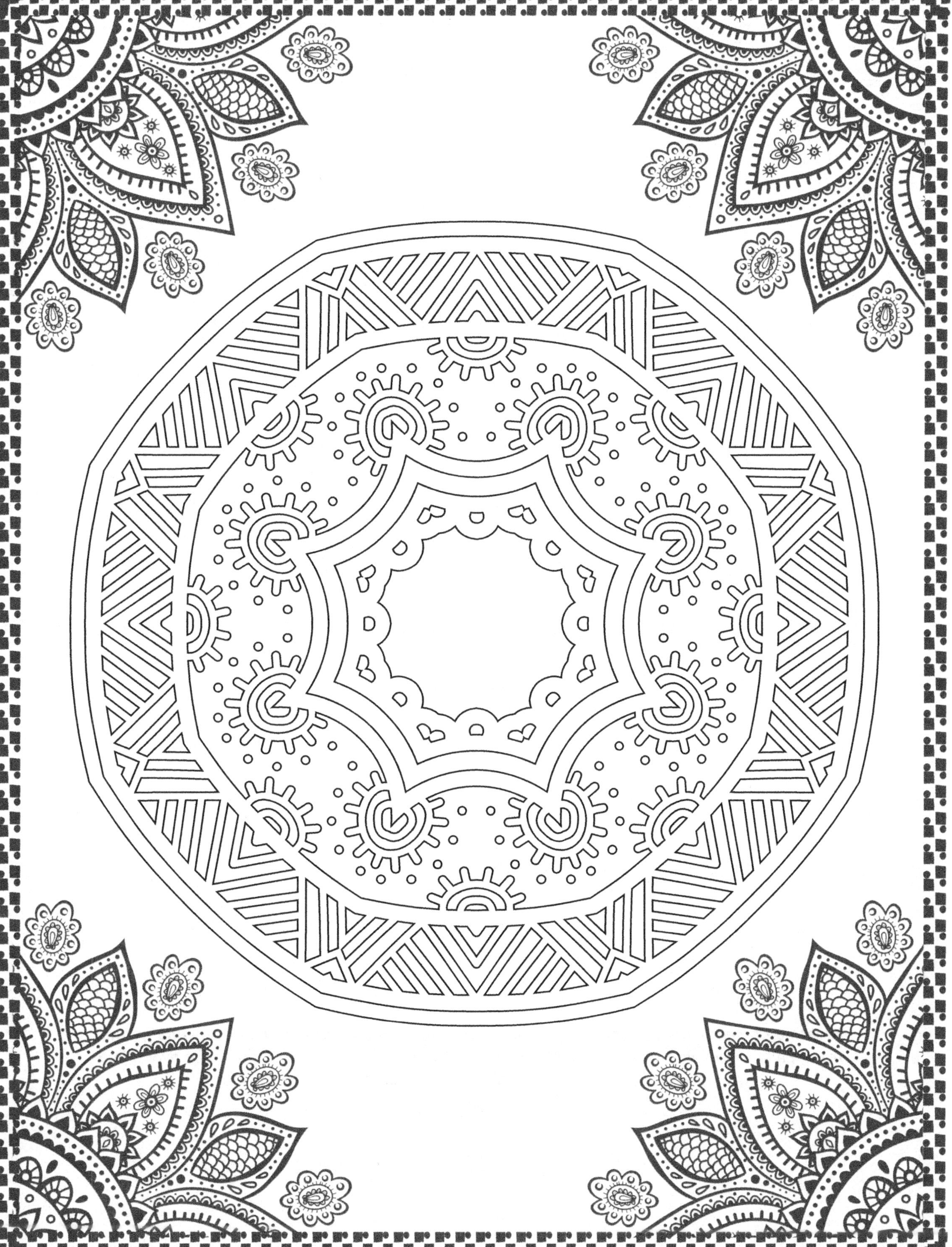

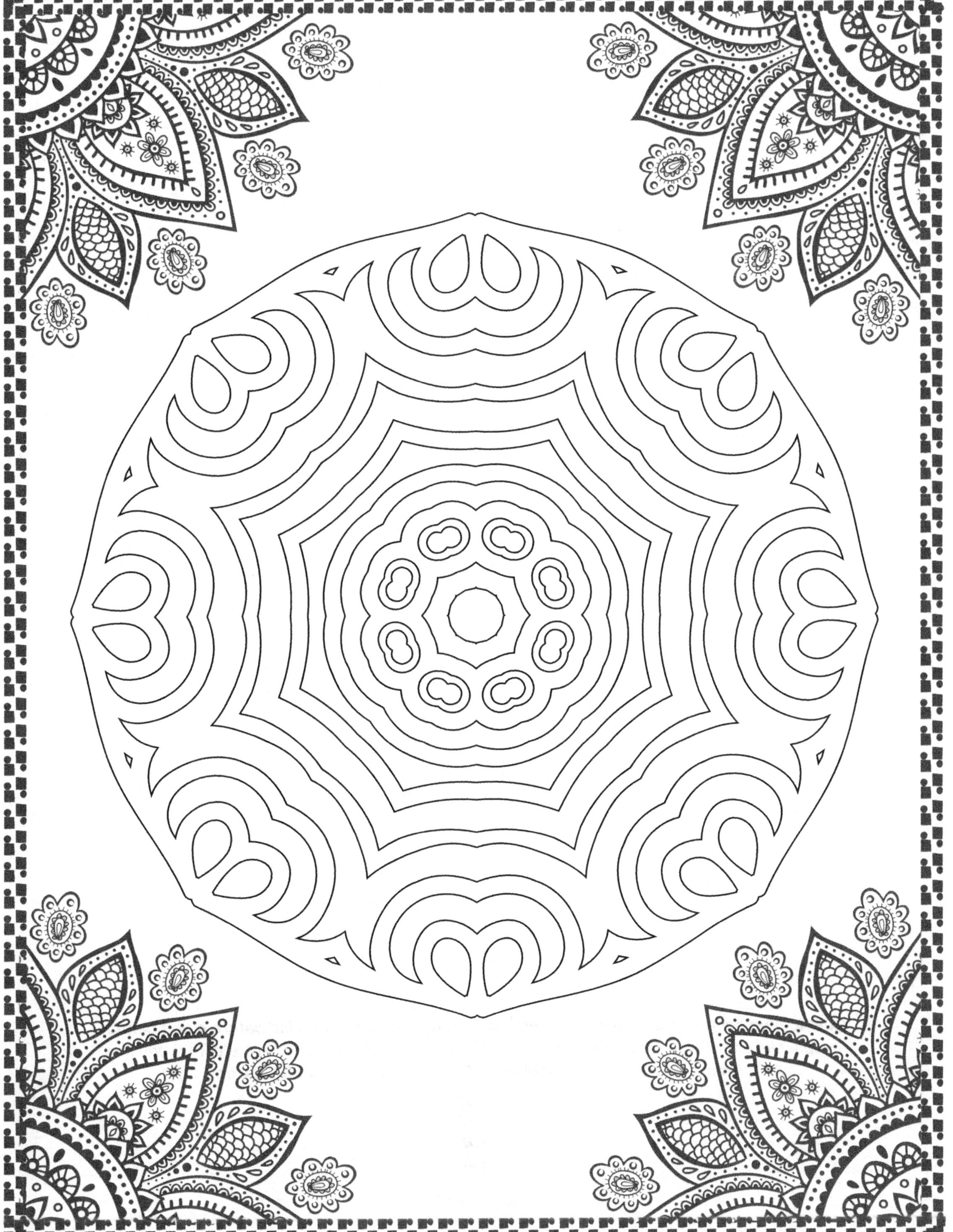

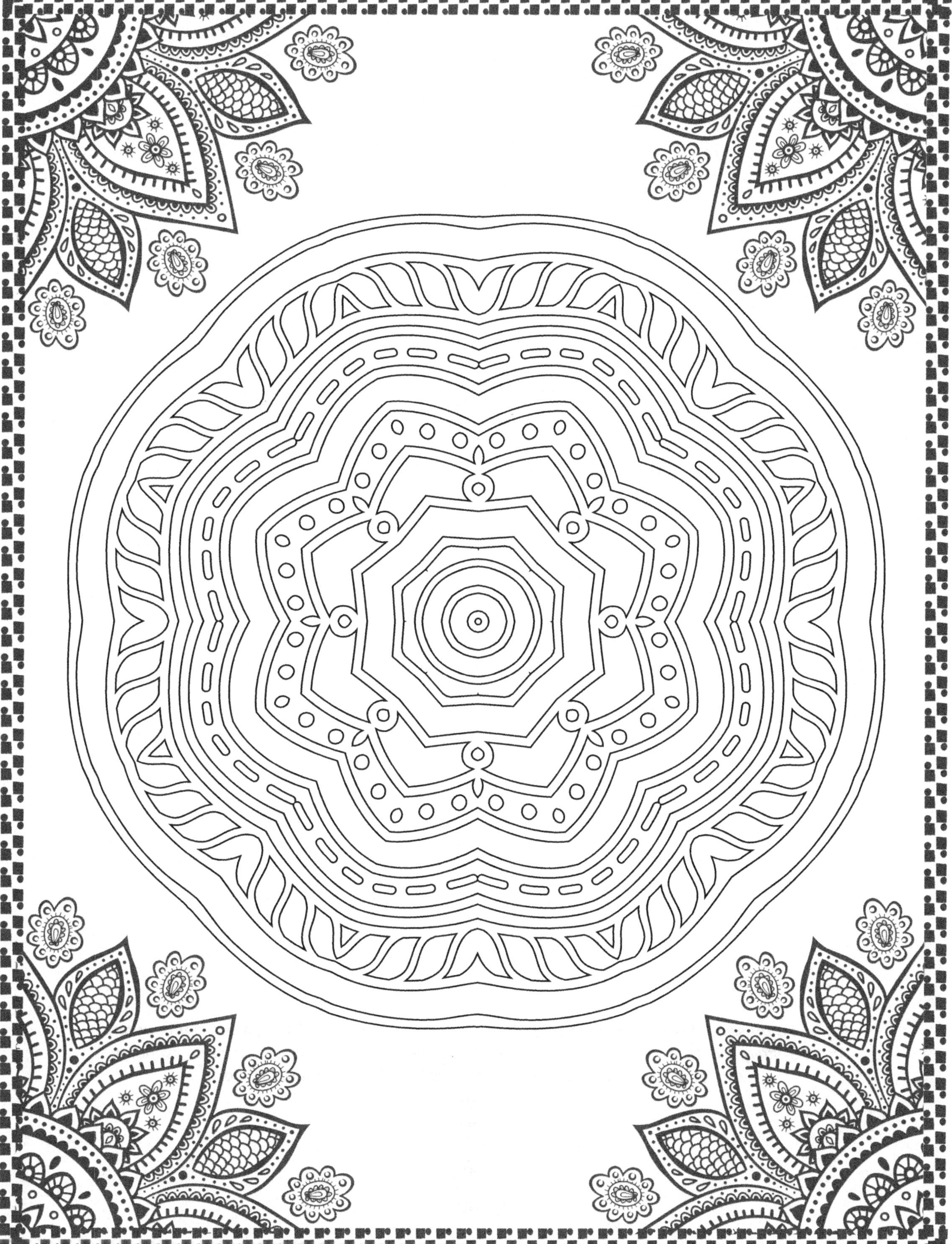

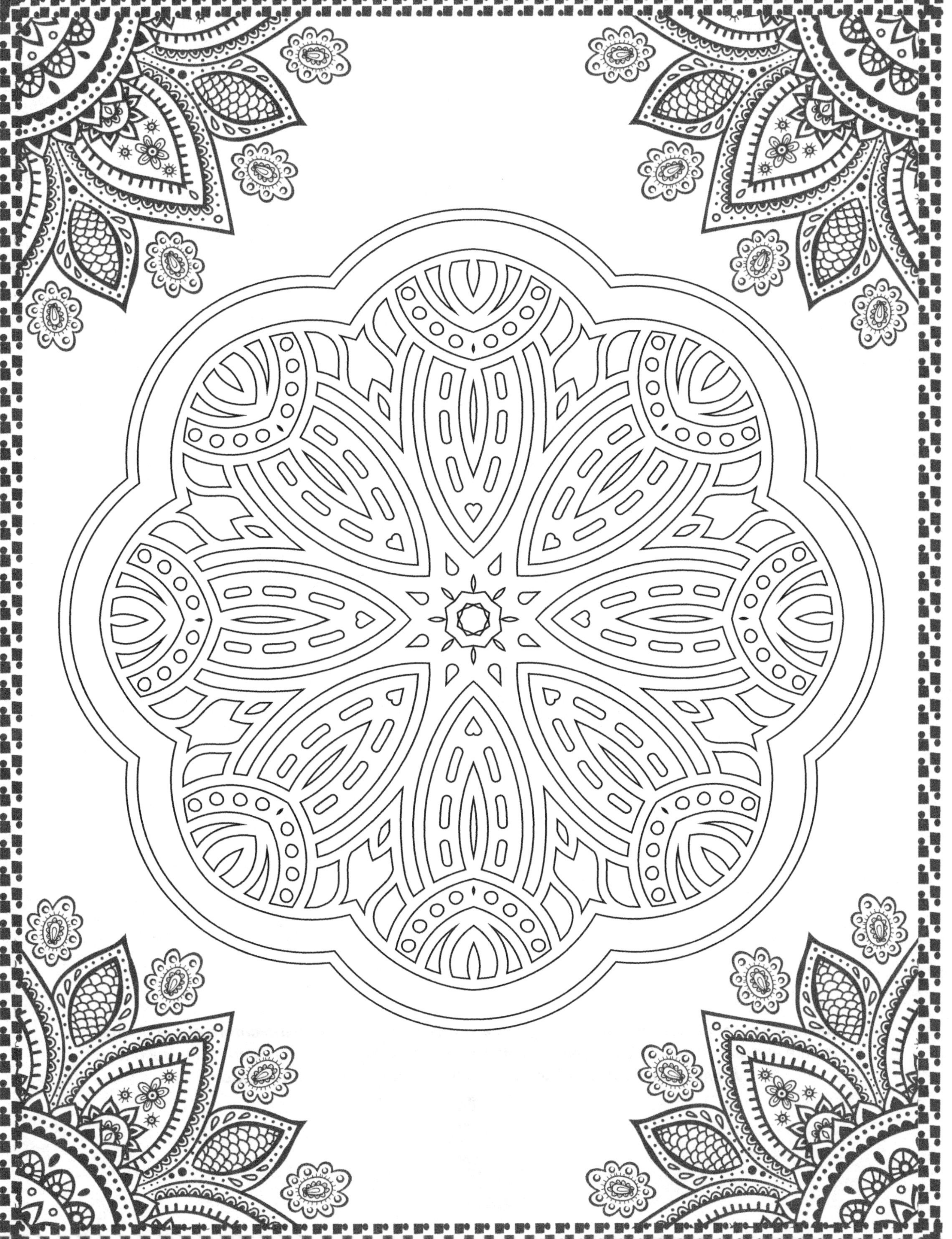